人文社科
高校学术研究论著丛刊

基于儿童发展心理学的学前儿童教育活动设计探究

毕中情 李春芳 著

中国书籍出版社
China Book Press

图书在版编目(CIP)数据

基于儿童发展心理学的学前儿童教育活动设计探究 / 毕中情, 李春芳著 . -- 北京 : 中国书籍出版社 , 2020.7
ISBN 978-7-5068-7896-8

Ⅰ.①基… Ⅱ.①毕…②李… Ⅲ.①学前教育 - 教学设计 - 研究 Ⅳ.① G612

中国版本图书馆 CIP 数据核字（2020）第 117643 号

基于儿童发展心理学的学前儿童教育活动设计探究

毕中情　李春芳　著

丛书策划	谭　鹏　武　斌
责任编辑	刘文利　成晓春
责任印制	孙马飞　马　芝
封面设计	东方美迪
出版发行	中国书籍出版社
地　　址	北京市丰台区三路居路 97 号（邮编：100073）
电　　话	（010）52257143（总编室）　（010）52257140（发行部）
电子邮箱	eo@chinabp.com.cn
经　　销	全国新华书店
印　　厂	三河市德贤弘印务有限公司
开　　本	710 毫米 ×1000 毫米　1/16
字　　数	255 千字
印　　张	14.25
版　　次	2022 年 7 月第 1 版
印　　次	2022 年 7 月第 1 次印刷
书　　号	ISBN 978-7-5068-7896-8
定　　价	72.00 元

版权所有　翻印必究

目 录

第一章 儿童发展心理学概论 ………………………………… 1
第一节 心理发展的基本理论 ……………………………… 1
第二节 儿童发展心理学的界定与发展 …………………… 14
第三节 儿童发展心理学的基本理论 ……………………… 20

第二章 学前儿童心理发展的研究 …………………………… 32
第一节 学前儿童认知的发展 ……………………………… 32
第二节 学前儿童个性的发展 ……………………………… 42
第三节 学前儿童的社会化发展 …………………………… 47

第三章 学前儿童教育活动设计的理论指引 ………………… 53
第一节 学前儿童教育活动简述 …………………………… 53
第二节 学前儿童教育活动设计概述及要素 ……………… 55
第三节 学前儿童教育活动设计的理论基础 ……………… 68

第四章 学前儿童教育活动设计的实践指导 ………………… 82
第一节 学前儿童教育活动计划的制订 …………………… 82
第二节 学前儿童教育活动的组织实施 …………………… 91
第三节 学前儿童教育活动设计的评价 …………………… 95

第五章 学前儿童健康教育活动设计探究 …………………… 105
第一节 学前儿童健康教育概述 …………………………… 105
第二节 学前儿童健康教育活动的设计 …………………… 115
第三节 学前儿童健康教育活动设计案例 ………………… 119

第六章 学前儿童语言教育活动设计探究 …………………… 131
第一节 学前儿童语言教育概述 …………………………… 131
第二节 学前儿童语言教育活动的设计 …………………… 137
第三节 学前儿童语言教育活动设计案例 ………………… 145

第七章 学前儿童社会教育活动设计探究……………………………… 159
第一节 学前儿童社会教育概述…………………………………… 159
第二节 学前儿童社会教育活动的设计…………………………… 164
第三节 学前儿童社会教育活动设计案例………………………… 174

第八章 学前儿童科学教育活动设计探究……………………………… 183
第一节 学前儿童科学教育概述…………………………………… 183
第二节 学前儿童科学教育活动的设计…………………………… 191
第三节 学前儿童科学教育活动设计案例………………………… 193

第九章 学前儿童艺术教育活动设计探究……………………………… 202
第一节 学前儿童艺术教育概述…………………………………… 202
第二节 学前儿童音乐教育活动设计及案例……………………… 207
第三节 学前儿童美术教育活动设计及案例……………………… 214

参考文献………………………………………………………………… 221

第一章 儿童发展心理学概论

儿童心理的发展具有阶段性与客观规律性,学前儿童教育工作者要做好教育工作与合理开展教育活动,就必须了解教育对象的心理发展规律与特点,才能更有针对性地开展教学活动。学前儿童发展心理学知识不仅是每一位学前教育工作者必备的教育素养,也是其专业生涯的必备知识,教师只有充分了解儿童的心理,才能正确判断儿童的言行,从而真正理解儿童的发展需求。本章主要就儿童发展心理学的理论知识进行系统阐述分析,以期为学前教育工作者进行科学施教提供理论指导依据。

第一节 心理发展的基本理论

一、心理发展的概念解析

(一)心理

"心理(mind)"是个体的一种活动反应,也是一门现代专业学科。不同学科专家和学者对其概念有不同的解释。一般认为,心理是指人们对客观事物的反应,是生物进化到高级阶段后大脑的特殊功能,是当前心理学研究的重要对象。

(二)健康

"健康"对个人、家庭、国家、民族等具有非常重要的作用,没有健康,就没有个人、家庭、国家与整个社会的发展。

随着人们对健康的认识不断加深,对健康的概念描述也更加全面,从无疾病的健康到多维度的健康,其概念与内涵日益丰富。

1948年,联合国世界卫生组织(WHO)提出了健康的新概念,即

"Health is state of complete physical, mental and social well-being and not merely the absence of disease or infirmity",明确了健康的多层次,即健康不仅指没有疾病,还包括精神健全以及具有良好的社会适应能力。

1978年《阿拉木图宣言》对健康作出描述:"健康不仅仅是没有疾病或不虚弱,而是良好的身体、精神状况和社会适应能力的总称。"

我国《心理学大辞典》认为健康应满足三方面的标准,即生理标准、心理标准、社会标准。

1989年,WHO进一步深化健康概念,提出健康包括身体健康、心理健康、社会适应良好和道德健康。

2000年,WHO又提出了生殖健康。健康的概念被进一步完善。

总之,我们应通过以下标准判断个体是否健康。

(1)精力充沛,能从容应付日常生活和工作。
(2)处事乐观,态度积极,乐于担责。
(3)善于休息,睡眠质量好。
(4)应变能力强,适应能力好。
(5)对一般感冒等传染性疾病具有一定的抵抗力。
(6)体型匀称,体重适当,身体比例协调。
(7)眼睛明亮,思维敏捷。
(8)牙齿清洁,无损伤,无病痛,无出血。
(9)头发光泽,无头屑。
(10)走路轻松,肌肉、皮肤有弹性。

(三)心理健康

心理健康,也称精神健康,是个人健康的一个重要方面,关于心理健康的概念,至今尚未有统一的界定。

心理健康包括以下基本含义。

(1)正确认识自我:不狂妄自大、不妄自菲薄;不高傲、不自卑。
(2)正确认识环境:客观面对过去的、现在的及将来的事物。
(3)及时适应环境:心理与环境相协调与平衡。

就现代人来说,很少有人处于完全健康的心理状态,亚健康普遍存在,大多数人会有这样或者那样的心理不健康表现(表1-1、表1-2)。

第一章 儿童发展心理学概论

表 1-1 心理异常

心理异常类型	心理异常表现
忧郁	闷闷不乐,愁眉苦脸,沉默寡言
狭隘	斤斤计较,不容人、不理解他人
嫉妒	别人比自己好时,不自然、不舒服,怀有敌意
惊恐	对环境和事物有恐惧感
残暴	因小事不快向他人发泄
敏感	过敏,多疑虑

表 1-2 不健康心理

不健康心理类型	不健康心理表现
自卑心理	过分关注自己的缺点,觉得自己不如他人
怯懦心理	性格内向,不善辞令,回避交往
猜疑心理	不信任他人,捕风捉影,说三道四
逆反心理	爱与别人抬杠,以求标新立异
排他心理	抱残守缺,拒绝拓展思维和交际圈
作戏心理	逢场作戏,见异思迁,喜欢吹牛
贪财心理	喜欢占便宜,交往功利性
冷漠心理	孤傲、不关心其他人、其他事

(四)儿童心理健康

学前儿童健康,指学前儿童保持持续、正常的发展状态。儿童的健康心理培养是个体形成健康心理的基础和关键。

一般认为,学前儿童心理健康是指学前儿童的心理发展达到相应年龄组儿童的正常水平,情绪积极、性格开朗、无心理障碍,对环境有较快的适应能力。[①]

2001 年,我国教育部颁布《幼儿园教育指导纲要(试行)》,指出"幼儿园必须把保护幼儿的生命和促进幼儿的健康放在工作的首位"。

学前时期,相同年龄阶段的儿童会表现出相似的心理特征,但是由于遗传、环境、营养等各方面的因素影响,每一个儿童的生长发育均表现出不同的个性差异,尤其是在年龄较小时期,生长发育会表现出明显的不

---

① 郑春玲.学前儿童心理健康教育[M].北京:中央广播电视大学出版社,2012.

同。因此,作为儿童教育者,应该充分了解儿童心理健康发育发展规律,只要学前儿童的生长发育符合整个人类个体的生长发育规律,均应视为心理是健康的。

结合心理发展的不同方面,学前教育者可以从动作、认知、情绪、人际关系、性格特征、自我意识等方面来衡量一个学前儿童的心理是否健康。

二、心理健康的基本特征

（一）马斯洛提出的心理健康

（1）有充分的安全感。
（2）充分了解自己。
（3）具有从经验中学习的能力。
（4）生活目标切合实际。
（5）与现实环境保持接触,确保人格完整与和谐。
（6）有从经验中学习的能力。
（7）人际关系良好。
（8）能适度表达和控制情绪。
（9）能融入团体,并能发展个性。
（10）能在不违背社会规范的前提下满足个人基本需求。[①]

（二）《简明不列颠百科全书》的心理健康

（1）认知过程正常。
（2）智力正常。
（3）情绪稳定乐观。
（4）心情舒畅。
（5）一直坚强。
（6）做事有目的。
（7）人格健全。
（8）性格、能力、价值观等均正常。

---

① 邓云龙,戴击.心理健康标准的中国文化解读尝试[J].中国临床心理学杂志,2010,18（1）：124-126.

（三）社会大众广泛认可的心理健康特征

1. 智力正常

智力（Intelligence）是一个人认识能力与活动能力的水平，是个体学习、生活、工作的最基本心理条件。智力是一种综合能力，观察力、注意力、想象力、创造力等都是智力的重要构成部分。

智力正常是指个人的智力发展符合年龄发展阶段特征，智力水平符合同年龄阶段人的平均水平。

2. 情绪健康

情绪是影响个体心理健康的一个重要因素，很多临床病例证实，情绪异常往往是心理疾病的先兆。

情绪的健康具体表现如下。

（1）愉快情绪多于负面情绪，乐观，有朝气，充满希望。
（2）情绪稳定，有良好的情绪自控能力。
（3）情绪反应与环境适应，反应不过度。

3. 意志健全

意志是一种心理过程，是个人为了完成目标坚持行动并积极克服困难的过程，一个意志健全的人具有行动的自觉性、果断性、顽强性、自制力等品质，能适时地做出决定应对各种困难，并善于控制自己的情绪和言行，为了完成目标而不懈努力。

4. 人格健全

心理学意义上的人格，指人的性格、思想、价值观等各个方面健康、平衡发展。

健全的人格表现如下。

（1）整体的精神完整协调。
（2）思考问题的方式适中和合理。
（3）待人接物恰当，灵活。
（4）对外界刺激不偏颇。
（5）能和集体融为一体。
（6）能与社会道德规范、发展保持一致。

5. 自我评价正确

心理健康的人能客观、全面地正视与评价自己，并能够悦纳自己。

自我的正确评价应与现实中的自我一致,表现如下。
（1）恰如其分地认识自己,摆正自己的位置。
（2）对优点欣慰,但不自大。
（3）对弱点不回避,不自暴自弃。
（4）善于自我接纳,接受自己,喜欢自己。
（5）正视现实,积极进取。
（6）自尊、自强、自制、自爱适度。

6. 人际关系和谐

人际关系是否和谐与个人的社会性心理健康密切相关,个人和谐的人际关系的建立表现如下。
（1）乐于与人交往,有知心朋友。
（2）交往中保持人格独立,不卑不亢。
（3）能在交往过程中客观评价自己和别人。
（4）宽于待人、乐于助人。
（5）交往动机端正。

7. 适应能力强

与他人相比,心理健康者能更好地适应环境,并在环境中谋求发展。这种对环境的良好适应表现在对自身环境、自然环境、社会环境的适应方面,表现如下。
（1）身体健康,能积极健身锻炼维持和促进身体健康。
（2）有正确的健康观。
（3）爱护环境,能与自然和谐相处。
（4）能与社会保持良好的接触。
（5）能正确客观地评价周围事物和环境。
（6）能面对、接受现实,并主动适应。
（7）有面对困难不退缩的勇气,积极协调与环境的不适应。

8. 心理发展符合年龄特征

个人的心理发展具有一定的生理性发展规律,心理健康的重要表现之一就是个人的心理活动和思维方式应与个人的年龄特点相符。

儿童的心理发展应符合儿童期的发展规律,青春期少年和大学生的心理发展应符合各自的心理发展阶段特点,任何超常的心理特征都应该受到教育者的关注,需及时了解异常心理状态产生的背后原因,必要时应及时进行干预。

三、心理发展的不同方面与影响因素

(一)动机

动机是推动个体从事各种活动的心理及内部动力。动机是引起个体行为的内在心理动力。在儿童教学中,了解学生的不同活动动机,有助于教师有针对性地安排具体的教学活动。同时,教学中教师应重视对学生的积极性、主动性动机的激发,调动学生参加各种教学活动的积极性。

个体的动机不同,行为选择不同,行为的执行和完成程度就会不同。动机根据不同分类标准可以分为多个类型(表1-3)。

表1-3 动机分类

分类依据	动机类型	动机内容及其表现
动机起源	生理性动机	生理性的、先天性动机
	社会性动机	社会性的、后天性动机
动机原因	内在动机	由内在需求引起
	外在动机	由外界刺激诱发
动机作用	主导性动机	强烈、稳定的动机
	辅助性动机	不稳定的动机
动机与目标关系	近景动机	与近期目标密切相关
	远景动机	与长远目标密切相关
动机体验	丰富性动机	激发个体探索、创造
	缺乏性动机	不能达成目标会痛苦

对于教育工作者来讲,要充分了解教育对象的心理发展规律与特点,善于分析学生,了解学生的不同行为与动机,并结合学生的心理发展规律来激发其良好行为动机的产生,促进其积极参与学习活动、社会交往。

针对儿童的心理健康教育,可采取以下措施激发儿童的行为动机。

(1)选择儿童感兴趣的活动和教学内容。

(2)增加儿童教学活动的趣味性、互动性。

(3)科学安排儿童的不同活动时间。

(4)引导儿童端正生活、学习、交往态度。

（5）关心儿童，了解儿童的心理需求。

（二）认知

认知是个体的一种重要能力，认知能力与运动能力可以相互促进，了解个体的认知规律及其与心理活动、行为方式的密切关系，有助于教师科学施教。

一般来说，个体/群体认知具有以下规律和特点。

（1）人的认知能力与生俱来。

（2）生存、学习环境与个人心理可影响个人的认知发展与水平。

（3）人认识事物是由表及里、由浅入深的过程。

（4）认知具有年龄阶段性特点，一般地，随着年龄的增长，认知能力会不断提升。但认知能力的提升是有限的，并不会一直处于不断提升的状态，会在一定年龄（一般为中年）达到成熟和稳定的水平，此后，因生理功能衰退会有下降趋势。

教师充分了解不同年龄阶段学生的认知发展规律，并结合不同学生的生长发展环境和背景了解其认知特点，有助于在教学过程中因材施教。

（三）情绪

正如前文所说，情绪是个体心理健康的重要组成部分，情绪健康是个人心理健康的一个重要表现。

心理学研究认为，个人的情绪对个人的心态、认知和行为起到"增进"或"减力"作用，具体表现为，积极情绪与消极情绪可对人的记忆、认知等智力性和非智力性因素产生影响，从而影响整个人的心理活动与行为。如果一个人欢喜，则可以促进心态的积极程度，做事有动力；一个人消极，则遇事易悲观，凡事多懈怠。

个人的情绪受外在环境和个人心理活动的影响，运动可以促进个人的良好情绪与情感的获得，教学中组织学生参与可以调动积极情绪的教学活动与游戏，有助于使学生获得轻松、释放、酣畅淋漓的愉悦感，并丰富情绪体验，使学生具有更加丰富和完善的心理表现与自控能力，进而能更好地完成学习与社会交往活动。

针对儿童的教育不仅要重视积极情绪的引导与体验，还要关注儿童不良情绪的疏导，让儿童能正视自己的情绪，并接受这种情绪，再学会疏导和排解这种情绪。

(四)注意力

注意力是影响个人心理活动的重要因素,有良好心理素质的人,往往能在参与某一项活动时保持良好的注意力。

任何一个年龄阶段的人都需要重视良好注意力的培养,良好的注意力有助于个体更专心地从事某一项活动,有助于良好的学习、工作效果的获得。

少年儿童时期,个体的注意力时间短、深度浅、范围窄,需要教师尽量采取丰富多彩和多样化的教学内容与方法吸引学生的注意力,使学生能够更加高效地与老师互动,进而取得理想的教学、互动效果。

四、心理发展的相关原理

(一)应激理论

1. 应激理论概述

应激(stress),指人体对于外部强负荷刺激产生的一种生理和心理综合反应。应激源不同(表1-4),个体的应激反应则不同。不同的应激也可以引起个体的不同反应。

表1-4 应激源分类

因素来源	应激举例
家庭	父母关系,亲子关系
工作或学习	工作负担过重、职业转换
社会	自然灾害,交通事故

应激是一个复杂的过程,引起个体的反应包括生理和心理两个方面。生理方面,主要表现为个体的唤醒水平提高;心理方面,则造成了个体焦虑水平的提高。应激过程受到很多因素的影响,对应激刺激和应激资源的评价也会受到多种因素的影响(图1-1),任何一个影响因素的作用(程度)发生变化都会影响个体最终的应激反应。

不同的人对同一种应激会产生不同的心理反应,在不同年龄阶段对同一个应激也会有不同的反应。心理因素对个体的应激具有双重作用,具体来说，心理因素可引起良性应激，如受到表扬、获得好名次；也可引起劣性应激，如受到批评、竞争失败。不同的心理发育者和心理健康状况者对待应激刺激的反应性质不同、程度不同，适当的应激可提高机体的应激适应，过强的应激可使适应机制失效，严重者可导致功能障碍。

根据耶克斯多德森定律，应激水平与认知绩效的关系如图1-2所示。

2. 应激理论的教育指导

心理素质良好的人对个体的心理反应是适当的，并能通过自我与环境关系的调节保持良好心态、情绪、情感。

受年龄因素影响，儿童少年的心理应激具有不稳定性，在教育教学活动中，要促进学生的心理健康发展，就必须要了解对个体产生作用的应激源，通过分析应激，了解学生日常生活、学习中，对刺激（运动负荷）做出适应性的生理和心理方面的变化，来干预和引导学生的正常心理发展。

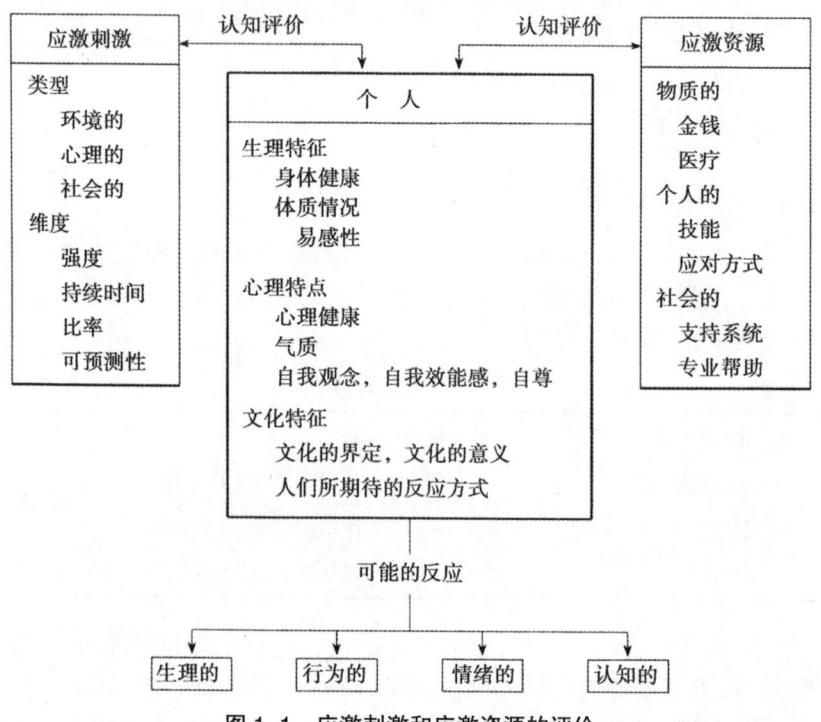

图1-1 应激刺激和应激资源的评价

第一章 儿童发展心理学概论

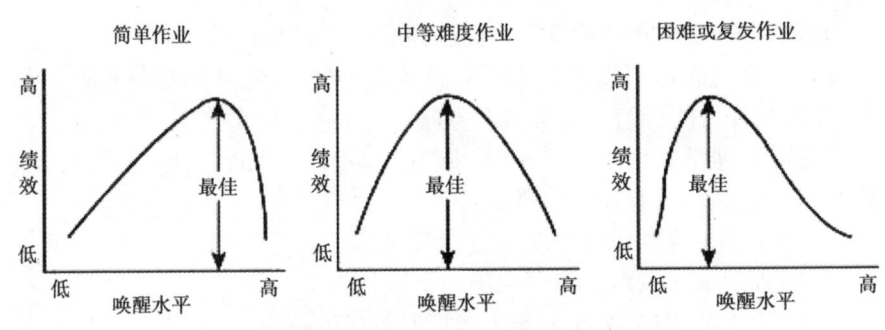

图 1-2 应激水平与认知绩效的关系

心理学的大量实验表明，心理因素可以引起全身性适应综合症，具有应激性。尤其是对个体有重要意义的重大事件所产生的应激，心理因素对个体的应激具有双重作用，可能是积极性的（如学习成就、教师表扬）；也可能是消极性的（如基本功学练受挫、对抗失败）。学校教学中，教师应尽量引导学生的正向心理应激反应，重视学生在合理心理压力下的快乐感与成就感，尤其应注重对少年儿童的鼓励式教育。

教育教学活动中，要促进学生的身心良好发展，教育者应合理把握应激刺激对学生的应激刺激程度。

运动心理学研究表明，人体要达到应激状态需要（有限的）超量负荷，以打破原有负荷的平衡和适应状态，建立新的身体平衡，使个体的生理各方面功能得到提高。生理方面，科学合理的身体活动是必须的，教师通过安排丰富多彩的教学活动，利用学生的应激反应，逐渐形成新的平衡，可以促进学生的生理机能和运动能力提高。但要注意极限值，如果超出极限值，则会使人体加速进入衰竭阶段，会影响学生的身体健康，对于低年龄阶段的学生影响更大、更深，这一点尤其要注意。心理方面，当学生发生应激刺激时，身体反应可以促使个体缩小注意范围，应激刺激越强烈，这种效应就越明显。学生可以根据以往的经验来做出对应激的反应，教师要做的就是重视对学生的观察和及时引导，让学生学会正确处理不同事件发生时的个人情绪、情感和交往反应。

（二）归因理论

1. 归因理论概述

归因（attribution）就是对人的行为原因进行的推论过程，这一行为存在于社会生活的各个方面，是一种心理活动。

归因理论是关于判断和解释行为结果的原因的一种动机理论，是对心理活动的一种"追根溯源"。对成功和失败的归因会影响努力和坚持,对行为结果的思考可以引起人们对自我行为的反思,从而更好地调节心理,以及在日后的行为中明确努力方向。

美国心理学家伯纳德·韦纳(B. Weiner,1974)认为,归因理论的主要论点包括以下三个方面内容。

(1)个性差异和成败经验等影响归因。

(2)人对前次成就的归因会影响下次行为。

(3)个人的期望、情绪和努力程度影响成就行为。

从归因来分析行为,反思心理,无论行动结果(成功还是失败)如何,一个人在分析其根由时,主要有三个维度与六个因素(表1-5)。

表1-5 归因理论划分框架

	稳定性		内/外在性		可控性	
	稳定	不稳定	内在	外在	可控	不可控
能力高低	+		+			+
努力程度		+	+		+	
任务难度	+			+		+
运气好坏		+		+		+
身心状况		+	+			
外界环境		+		+		+

通过归因分析,对成功或失败的分析,可对个体的以后情绪体验、行为积极性产生重要影响(表1-6)。

表1-6 归因与情绪体验和积极性的关系分析[①]

行为结果	归因方向	情绪反应	积极性	实例
成功	内部因素 外部因素	满意,自豪 意外,感激		努力,能力 任务容易,运气好
失败	内部因素 外部因素	内疚,无助 气愤,敌意		
成功	稳定因素 不稳定因素		提高 提高或降低	任务容易,能力强 努力,运气好
失败	稳定因素 不稳定因素		降低 提高	任务难,能力差 努力不够,运气不好

---

① 张力为,毛志雄. 运动心理学[M]. 北京:高等教育出版社,2011.

2. 归因理论的教育指导

教育教学中，学生对学习行为的尝试总会出现成功与失败两种结果，而且这两种结果会在生活、学习中反复多次出现，使学生在不断的归因中总结经验，以更好地端正态度、确立努力方向，不断寻求进步，提高学习效率。

针对学生在日常生活、学习中的不同体验，教师应重视对学生表现进行正确的归因，能够激励个体进行训练和学习，从而取得成功。

对有成功体验的学生，教师应鼓励其进行内在稳定的归因，以提高其自我效能感。

对有失败体验的学生，教师应注重进行内在不稳定归因，促进其对自身的行为负责，并使其明白失败的可避免性，在后续行为中改正不足，减少和避免失败。

（三）目标定向理论

1. 目标定向理论概述

目标定向理论（Goal-Setting Theory）于20世纪60年代由洛克（Edwin Locke）所提出，该理论认为具有挑战性的目标是激励的来源。

目标定向是一种计划性认知，整个认知过程分为任务定向和自我定向，前者强调自己表现的前后对比，注重个人努力；后者以他人作为参照系，以超过他人作为心理定向。

心理学研究表明，有效提高和激励个体行为的目标定向应满足以下条件。

（1）目标要有一定难度，但应在个体能力所及范围之内。
（2）目标要具体明确。
（3）坚定实现目标的信心，全力以赴。
（4）和长期目标相比，短期或中期目标更有效。
（5）定期反馈，了解差距。
（6）实现目标过程中，客观归因。
（7）目标达成后，给予奖励，并将已达成目标作为更高目标的基础。

2. 目标定向理论教育指导

目标定向注重人的认知过程对动机的影响，注重内部动机的增强，更加强调目标定向对动机的影响。

目标有两个最基本的属性：明确性和难度。具体分析如下。

首先,从明确性来看,个人的努力目标可以是模糊的也可以是清晰的,清晰明确的目标更有助于个体明确努力的方向和措施,使努力更有计划性。

其次,从难度来看,目标可以是容易的,也可以是困难的。具体难易程度要根据个人的实际情况而定,同样的目标对于不同的个体来说难度不同。而不同难度的目标对个人的学习和行为效果有重要影响(图1-3)。

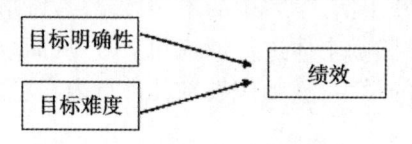

图 1-3 不同难度目标影响绩效

目标定向会激发人们对任务的直接兴趣,因此,教育教学活动中,学生会为了各种目标的实现而努力学习,会对某一种教学活动和学科知识的学习充满兴趣,并敢于挑战;自我定向则在一定程度上导致内部动机下降,个体表现也与前者相异。因此,应注重帮助个体建立任务定向,提高其行动积极性。良好教学活动效果的取得,要求教师应为学生设定明确的目标定向。

需要特别指出的是,教师应重视引导学生目标定向的适当性,不能过高也不能过低,以免造成学生骄傲自满或妄自菲薄。

低龄儿童对于自己行为的目标定向具有认知的不成熟性,教学中,需要教师帮助学生制定目标定向并解释目标定向的内容。

第二节 儿童发展心理学的界定与发展

一、儿童发展心理学的界定

(一)儿童发展心理学

儿童发展心理是一门专门研究从出生到入学前(零至六七岁)儿童心理发生发展规律的科学,它是心理学的重要分支之一。[①]

[①] 吴荔红.学前儿童发展心理学[M].福州:福建人民出版社,2014.

(二)儿童发展心理学的研究对象

儿童发展心理学的研究对象是学前儿童心理,主要包括以下三个方面的研究。

1. 儿童心理的发生

学前是个体心理发展的一个特殊时期,个体的各种心理活动在这一时期逐渐发生。根据人的生长发育的客观规律,儿童出生时没有心理活动,从最初的生理感知到逐渐产生心理变化,有了心理活动过程,这个过程是个体的心理发育发展的必然阶段和规律。

对于人类心理健康发展来说,人类特有的心理活动,包括知觉、注意、记忆、想象、意志、语言等多个方面,这些心理特征和现象都是在人出生之后到学前阶段产生的。个体心理的发生是学前儿童发展心理学的重要研究内容。

2. 儿童心理的发展

学前儿童心理发展会表现出一定年龄阶段的统一性,但是受多种因素的影响,个体的心理发展会表现出一定的个性特征,表现出与他人的不同个性,分析研究学前儿童心理发展的一般性规律和特点,以及个性心理特征,是儿童心理学研究的重要内容。

3. 学前儿童心理的发展规律

个人的心理发展受多种因素影响,年龄是非常重要的一个因素,不同年龄阶段的人在不同时期会表现出一定的共性、相似性,同时,儿童心理发展的过程并不是孤立的,总是会受到遗传、环境等因素的影响,会出现各种不同表现。但尽管不同人的个性不同、心理不同,还是有一定的规律可循。这些规律也就是儿童心理学的重要研究内容。

二、儿童发展心理学的发展

儿童发展心理学是在近代才出现的一个学科,这里分别简述国外和我国儿童发展心理学的发展历史。

（一）国外儿童发展心理学的发展

1. 儿童发展心理学的产生背景

近代儿童发展心理学的产生，有其特定的社会背景和条件。儿童发展心理学首先在欧洲萌芽。

在中世纪的欧洲，宗教统治一切，儿童被迫服从宗教，没有独立的社会地位。

文艺复兴运动时期，人们的思想得到了解放，新兴资产阶级对封建势力的批判大大改变了人们的思维和价值观。在人道主义精神的引领下，人的价值与尊严受到尊重，社会大众也开始逐渐有了自由观，反对禁欲，反对宗教束缚。

随着人文主义文化的发展，产生了人文主义教育思想和自然主义教育思想。人文主义思想家主张人人平等，强调遵循自然规律来开展儿童教育，发展儿童个性。

十七、十八世纪的资产阶级教育家进一步发展了人文主义教育思想。捷克教育家夸美纽斯（J. A. Comenius，1592—1670）适时地提出"自然适应性原则"，并于1658年编写了著名儿童读物《世界图解》。英国哲学家洛克（J. Locke，1632—1704）提出"白板说"。法国启蒙教育家卢梭（J. J. Rouaacau，1712—1778）提出"自然教育论"。这些学者一致认为，要尊重儿童，依据"儿童的天性"进行教育，由此，揭开了研究儿童心理的序幕。

此后，越来越多的教育家开始认识到儿童教育的重要性，并开展对儿童教育的研究，瑞士教育家贝斯泰洛齐（J. H. Pestalozzi，1746—1827）提出"教育心理学化"，顺应儿童天性。德国学前教育家福禄贝尔（F. Froebel，1782—1852）开设幼儿园，编小人书，创制游戏玩具——"恩物"等，建立富有特色的儿童发展理论，为儿童心理学的建立提供了实践和理论。比较心理学的创始人达尔文（C. Darwin，1809—1882）发表儿童心理发展观察报告——《一个婴儿的传略》，使儿童心理研究有了理论研究基础。

19世纪末至20世纪初，自然科学发展迅速，人们开始认识到事物的本质和规律，并养成了从事物发展变化的过程中研究事物规律的思维习惯。这一时期，研究动物心理、儿童心理的人越来越多。

自然科学的发展不仅促进了人们对事物认知的思维方法的发展，也促进了心理学相关研究方法的产生，这些研究方法为儿童心理学奠定了研究方法基础。

2. 儿童发展心理学的正式产生

1882年,普莱尔出版了古典儿童心理学名著——《儿童心理》一书,儿童心理学正式诞生。

普莱尔在对胎儿和新生儿进行生理研究的过程中,认识到二者生活环境的差异,认为复杂的生活对新生儿的影响较大,因此应该把新生儿、婴儿的体质和心理分开来研究,于是便开始注重研究儿童心理发展问题。他的研究记录整理成了《儿童心理》一书,全书包括以下三个部分。

第一部分:感觉发展,揭示儿童的感知和情感发展特点。

第二部分:意志的发展,阐述儿童知觉之后的意志活动。

第三部分:智力发展,探讨儿童言语发展特点及其与思维的关系。

《儿童心理》是一本较为完整的儿童心理学全书,它的出版具有划时代的意义,此后儿童心理学研究学者与理论成果日益增多,逐渐出现了理论派别(表1-7)。

表1-7　早期儿童心理学理论派别[①]

派别	代表人物	代表观点	代表著作
复演说	霍尔	胎儿发展复演了动物进化过程;儿童心理发展复演了人类进化过程	
儿童心理学思想	鲍德温	认为儿童认知的发展、人格的社会和认识基础、行为的个体发生与种系发生的关系,三者相互交织、密不可分	《心理学手册》《儿童与种族的心理发展》《心理发展中的社会性与伦理的诠释》
	杜威	把心理学运用到教育和哲学方面,提出"儿童中心主义",教育是本能的生长过程	
人格主义学派	施太伦	"辐合说",认为遗传和环境不可分,表面是折中调和论,实质是唯心主义的遗传决定论	《六岁以前早期儿童心理学》
测验学派	比纳	测验方法为研究儿童心理发展、智力发展开辟了新道路	《儿童智力的发展》

3. 儿童发展心理学的分化与发展

两次世界大战期间,西方儿童心理学研究者在儿童心理发展方面各有探索,并提出了很多不同角度的论点,儿童心理学出现分化并快速发展。

这一时期,儿童心理学派别林立,空前繁荣,代表性研究有如下几种。

---

① 刘梅.儿童发展心理学[M].北京:清华大学出版社,2010.

（1）弗洛伊德的精神分析（psychoanalysis）。
（2）华生的行为主义（behaviorism）。
（3）韦特海默的格式塔心理学。
（4）皮亚杰的历史发展理论。
（5）格塞尔的双生子爬楼梯研究。
（6）彪勒夫妇的游戏理论。

这些心理学家和教育工作者的儿童心理研究均在一定程度上推动了儿童心理学的发展。

4. 儿童发展心理学的演变与增新

20世纪30年代后，西方心理学派出现了融合发展的趋势。例如，霍尔的复演说影响变小；施太伦的人格主义学派、格式塔学派不断更新内容，继续发挥影响；新精神分析和新行为主义学派不断丰富与发展，显示出强大的生命力。

20世纪70年代后，儿童心理学研究课题不断创新，从儿童心理开始关注到人一生的发展。

（二）我国儿童发展心理学的发展

1. 中国古代的儿童发展心理学思想

中国作为文明古国，在中国古代史中，没有儿童心理学这一学科的产生，但是在早期的一些教育家、思想家的教育观点中有关于儿童教育、儿童心理的相关问题论述。

春秋战国时期，孔子是第一个用发展的观点来分析心理现象的思想家和教育家，孔子的心理发展思想以及他的教育思想，长期影响着人们对于人类成长与发展的看法，以后各朝代中许多学者的儿童心理学思想，都在一定程度上受到了孔子教育思想的影响。

孔子关于儿童心理发展的思想主要有以下几种。

（1）先天与后天的关系

孔子认为："性相近也，习相远也。"人的先天禀赋相差不多，人的发展受后期环境和学习、习惯等影响较大，人的发展是先天和后天的共同结果。

（2）心理发展的年龄特征

孔子说："吾十有五而志于学，三十而立，四十而不惑，五十而知天命，六十而耳顺，七十而从心所欲，不逾矩。"在不同的年龄阶段，个人有不同的心理发展状态，人的心理发展轨迹应符合一般性规律。

第一章 儿童发展心理学概论

（3）个别差异

孔子认为"唯上智与下愚不移"，"中人以上，可以语上；中人以下，不可以语上也"。不同的学生之间存在一定的差异，也正因此，孔子在教育中会结合不同学生的性格、智力、志向等特点来"因材施教"。

（4）早期教育的重要性

南北朝时期的教育家颜之推曾对早期教育的重要性进行论述："人生小幼，精神专利，长成以后，思虑散逸，固须早教，勿失机也。"应在儿童少年时期开展教育，如果儿童接受教育较晚，可能就会错过智力和知识学习的最佳时期，进而影响其此后的发展。

（5）儿童心理发生问题

《管子·水地篇》记载："人，水也，男女精气合，而水流行。三月如咀，咀者何？曰五味。五味者何？曰五藏。酸主脾，咸主肺，辛主肾，苦生肝，甘主心。五藏已具，而后生五内。脾生膈，肺生胃，肾生脑，肝生骨，心生肉。五内已具，而后发为九窍。脾发为鼻，肾发为耳，肺发为口，心发为下窍。五月而成，十月而生。生而目视、耳听、心虑。"从现代医学的角度来讲，这段话阐述了人从胚胎到成长为一个成熟胎儿的发育过程，尽管描述不甚精细，但是也充分说明了个人的发展需要一定的物质基础，心理的发展是建立在生理的发展基础之上的。

2. 中国近代儿童心理学

心理学作为一个学科，是在近代从国外传入我国的。

20 世纪 20 年代，中国开始出现儿童心理学的专门译著，有艾华编写的《儿童心理学纲要》、陈大齐译的德国人高五柏（R. Gaupp）著的《儿童心理学》等，通过这些著作，我国对现代儿童心理学有了一个初步的认识。

陈鹤琴作为我国最早的著名儿童心理学家，是中国现代幼儿教育的奠基人，他对儿童心理学进行了开拓性的研究工作，提出了"活教育"理论，主张结合国情开展儿童教育，教育应符合儿童身心发展规律。

此后，我国的教育家黄翼、孙国华和高觉敷等，均在儿童心理学发展方面做出过重要的贡献。

3. 中国儿童心理学体系的形成

20 世纪 50 年代初到 80 年代末是中国儿童发展心理学的奠基期。这一时期，我国逐步设立了儿童心理教学和研究机构，探索了儿童心理学一些基本理论问题，开展了儿童少年心理发展的规模性、系统性研究，为此后儿童心理学的发展奠定了研究基础。

（1）奠基期间中国儿童心理学的发展

在1949—1987年,我国儿童心理学在起伏中缓慢发展。

这一时期,中国儿童心理学成为中国心理学的一个重要分支,在发展过程中取得了以下成就。

①儿童心理学研究者的队伍逐步扩大。

②关于儿童心理学的各种学术研究活动增多,科研成果增多。

③儿童心理学测验增多,研究深入。

④我国儿童心理学研究与国际儿童心理学研究开展了密切的交流与合作。

⑤中国儿童心理学研究突显出中国特色。

（2）中国儿童心理学体系的雏形

这一时期,我国相继建立起一批儿童心理发展教学和科研机构。

改革开放以后,我国真正确立了儿童心理学专门的研究机构,为儿童心理学教学和研究的深入发展提供了组织上的保障。

（3）中国儿童心理学学科体系的确立

1962年,朱智贤出版了《儿童心理学》,该书的出版标志着中国儿童心理学科学体系的确立。

1979年,《儿童心理学》修订后再版,儿童心理学的研究及其影响进一步扩大。

1993年,林崇德修订《儿童心理学》,增补了国内外大量新的资料,成为国内公认的优秀心理学教科书。

1986年,朱智贤和林崇德合著出版《思维发展心理学》一书,提出著名的思维结构及发展理论。

1988年,朱智贤和林崇德合著的《儿童心理学史》出版,这是国内第一部系统的儿童心理学史方面的专著。

朱智贤和林崇德合著的两部著作都曾作为研究生或本科生的教材,这两部著作与《儿童心理学》一起,为中国儿童心理学学科教材体系的确立做出了杰出贡献。

第三节 儿童发展心理学的基本理论

一、儿童心理的主要研究方法

学前儿童心理发展的研究方法主要有四种,即观察法、实验法、测验

第一章 儿童发展心理学概论

法和调查法。对于低龄儿童来说,教育者是观察者和引导者,观察法在儿童心理研究中应用最为广泛,因此,这里重点分析观察法。观察法主要有以下几种。

(一)日记描述法

日记描述法,又称儿童传记法,是应用最早的儿童心理研究方法,其具体操作过程为,长期观察一个或一组儿童,以日记的形式描述性地记录儿童的行为表现。

一般来说,日记描述可分为两种类型:综合性日记和主题日记,前者会记录观察到的儿童所有表现,后者则是选择性地记录儿童语言、认知、社会情绪等某一方面的所有表现。

我国著名幼儿教育专家陈鹤琴就曾采用日记描述法,记录儿子陈一鸣从出生到成长808天的发展状况,并完成幼儿心理学著作《儿童心理之研究》一书,现摘其中一个片段如下。

> 第89星期(第619天)
> 与人表积极同情:近来他吃饭的时候,不喜欢披围巾。今天他看见他父亲剪发的时候,围了一块大白布,他就用手指着,并拉着叫他父亲拿开,他父亲就把布拿开。后来剪发的人又把白布放在他父亲的颈上,他看见了就哭,一定要叫他父亲拿开,他父亲拿下来给他,他就掷在地上,不哭了。有几点要注意:①他自己不愿意披围巾,他也不愿意他父亲披,就是与人表积极同情的意思。②他自己觉得不舒服的,他以为别人也不舒服。[①]

日记描述法主要用于长期的个案跟踪研究,但比较耗时耗力,而且缺乏代表性。

(二)轶事记录法

轶事记录法也是一种主要用于儿童心理发展研究的观察方法,主要记录儿童显著的新行为或言语反应,记录观察者认为有价值、有意义,能表现儿童个性或心理发展进程的行为。

轶事记录法可以随时随地观察记录,简单方便。记录过程中应注意儿童行为表现与情景记录的及时、准确和具体。

---

① 北京市科学教育研究所.陈鹤琴教育文集(上卷)[M].北京:北京出版社,1983.

（三）时间取样法

时间取样法，是在同一时间段内观察预先确定好的行为，主要记录行为是否出现、发生次数、持续时间等信息。

美国的教育家帕顿依据游戏分类学说观察记录儿童，并根据儿童在游戏中的社会参与程度，总结和概括出 6 种游戏类型(表 1-8)。[①]

表 1-8　儿童参与群体活动的 6 种游戏类型的操作定义

游戏类型	操作定义
无所事事	儿童没做游戏，只观望暂时感兴趣的事情
旁观	儿童观看其他儿童游戏，有时提问题、出主意
个体	儿童独自一人专注游戏
平行	儿童在同一处玩，但各自玩游戏
联系	儿童在一起玩，相互追随，但没有组织与分工
合作	儿童为某种目的一起进行游戏，有组织、有分工

时间取样法的应用，要求研究者先做大量的计划工作，以确定观察对象、内容、时间等，因此，时间取样法的观察过程可控，可对频率行为资料进行定量分析。

时间取样观察具有一定的局限性，它只适用于观察多发、便于观察的儿童外显行为，难以观察儿童的内隐行为，且难以观察收集行为的因果。

（四）事件取样法

事件取样法，具体指观察儿童特定行为或事件的方法，观察的行为具有代表性。事件取样法的观察记录见表 1-9。

表 1-9　幼儿助人行为观察表

幼儿姓名	性别	发生背景	指向对象	动作	语言	效果

[①] 杨丽珠.教育科学研究方法[M].大连：辽宁师范大学出版社，1995.

（五）行为核查法

行为核查法，指研究者用事先设计好的行为检查表来核查某种行为是否发生或出现的方法，这种观察方法更具针对性（表1-10）。

行为核查表省时省力，简便易行，易于分析，不足之处在于不能提供行为频率、行为持续时间、行为性质等信息。

表1-10 幼儿数学预备技能核查表

儿童姓名：		年龄：5岁	观察日期：	
任务		能	否	第一次出现时间
①能否根据名称指出相应的图形	圆			
	正方形			
	三角形			
	长方形			
②能否从1数到10				
③能否给下列图形命名	圆			
	正方形			
	三角形			
	长方形			
④能否举例说明关系概念	大于			
	小于			
	长于			
	短于			
⑤能否进行逐个匹配若干个物体	三个物体			
	五个物体			
	十个物体			
	十个以上物体			
⑥能否在指导下理解概念	最先			
	中间			
	最后			
⑦能否举例说明	多于			
	少于			

二、儿童心理发展的年龄特征

(一)儿童年龄划分

人的生理发展会表现出年龄阶段性特征,据此可以将人的一生划分为不同的年龄阶段,一般来说,人的一生可以划分为以下几个阶段。

(1)新生儿期:出生~1个月。
(2)乳儿期:1个月~1岁。
(3)婴儿期:1~3岁。
(4)幼儿期:3~6岁。
(5)童年期:6~12岁。
(6)少年期:12~15岁。
(7)青年早期:15~18岁。
(8)青年期:18~30岁。
(9)中年期:30~60岁。
(10)老年期:60岁至死亡。[①]

(二)学前儿童年龄阶段

心理学中所提到的"儿童"年龄跨度是0~18岁,以年龄为分类标准,可以对"儿童"进行细分,分为新生儿期、乳儿期、婴儿期、幼儿期四个阶段。儿童在幼儿园的这一时间阶段被称为"幼儿期",儿童在接受义务教育前的时期称为"学前期"(图1-4)。

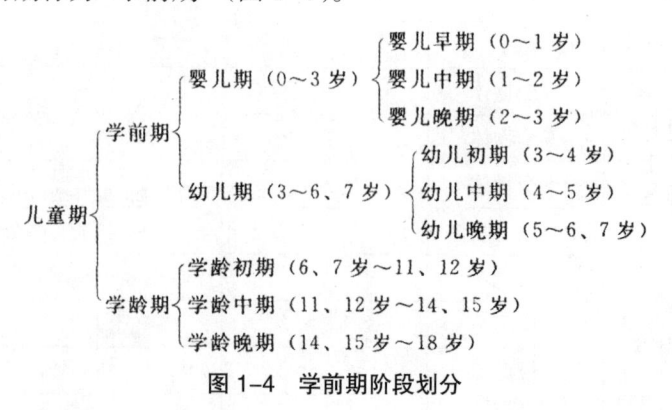

图1-4 学前期阶段划分

---

① 吴荔红.学前儿童发展心理学[M].福州:福建人民出版社,2010.

第一章　儿童发展心理学概论

根据"学前儿童"的年龄划分,"学前儿童"的"学前期"有广义与狭义的理解,狭义的学前期等同于幼儿期,指3~6岁;广义的学前期指0~6岁。

三、儿童期心理发展的特点

（一）儿童与动物不同

人具有社会性,社会性是人与动物的重要区别。儿童作为社会成员,从出生之后就已具有社会性。

儿童出生之后,在成人的长期抚养和教育下,通过与成人一起生活接受系统学习,掌握人类已有的社会经验。随着生理和心理的逐渐成长发育,儿童学会认识社会、适应社会,并尝试融入社会,在成年之后还能在符合社会发展的前提下对社会进行改造,逐渐发展成为一个独立的社会个体。

（二）儿童跟成人不同

儿童的大脑结构和机能与成人相比还不成熟,因此思维方式和思考认识程度会跟成人有很大的区别。

儿童时期是生长发育的旺盛时期,可塑性强,在这一时期接受正确的教育尤为重要。

四、儿童心理发展的趋势

（一）从简单到复杂

儿童最初的心理活动是简单的反射活动,以后越来越复杂,逐渐从不齐全到齐全,从笼统到细化。

首先,人的各种心理过程在出生时是不齐全的,随着年龄的增长,生理方面的生长发育,以及与社会中的其他人的接触与交流,在发展过程中逐渐齐全。例如,婴幼儿从不认人到学会认人,从不会语言到掌握语言的过程。

其次,儿童最初的心理活动是笼统的,是简单和单一的,后来逐渐变得复杂和多样。例如,婴儿从分辨颜色的鲜明和灰暗,到了3岁左右可以辨别各种基本颜色;从最初的喜怒两种情绪到有了开心、失落、喜欢、讨厌等情绪的细化。

(二)从具体到抽象

儿童的心理活动最初是非常具体的,幼小儿童对事物的理解是非常具体形象的,以后越来越抽象和概括,会逐渐开始有成人典型的思维方式,如能理解儿子并不只是孩子,且大人也会是儿子,老人也会是其父母的孩子。

(三)从被动到主动

儿童心理活动最初是被动的,随着年龄和认识水平的不断提高,会从被动变为主动,具体表现如下。

首先,儿童心理活动从无意向有意的发展。新生儿的原始反射是本能活动,是对外界刺激的直接反应,是无意识的,例如,新生儿的抓握,是一种本能活动。随着年龄的增长,儿童逐渐开始出现自己能意识到的、有明确目的的心理活动,例如,有意识和有目的地去记住一些符号和图形,并用自己的方法记住它们。

其次,儿童的心理活动从主要受生理制约向自己主动调节发展,随着生理的成熟,儿童心理活动的主动性也逐渐增长。例如,注意力集中的持续时间逐渐增长,从几分钟到几十分钟,并会在自己参与的一些事情中选择集中注意力或分散注意力。

(四)从零乱到成体系

儿童的心理活动最初是零散杂乱且多变的,之后逐渐变得系统、稳定。例如,幼儿喜怒无常,一会儿哭,一会儿笑,是心理活动凌乱的表现,随着年龄的增长和对情绪控制能力的提升,可以形成系统的、稳定的心理活动。

五、儿童心理发展的影响因素

(一)遗传因素

遗传是一种生物现象,通过遗传,祖先的一些生物特征可以传递给后代。遗传是决定或限制个体健康的直接原因,遗传对生理的直接影响可间接导致个体心理发育的不同。

遗传对儿童心理发展的影响表现如下。

第一章 儿童发展心理学概论

1. 提供心理发展的物质基础

与其他生物相比，人类的大脑神经系统与身体其他器官的结构和机能共同构成了人类独有的生物特质，而人类共有的遗传素质是儿童心理发展的基础生理条件。

2. 奠定儿童心理发展个别差异基础

个体的心理健康发育以健康的生理条件为前提，儿童个体的遗传差异决定其心理活动的差异，从而影响其心理机能差异。

遗传在儿童心理发展中的作用是客观的，充分利用良好的遗传素质，可以取得事半功倍的效果。如父母逻辑思维能力强、运动细胞发达的孩子，可以朝着父母擅长的方面进行重点开发。

智力具有可遗传性，一般来说，高智商的父母所孕育的子女大多拥有不错的智商水平。此外，父母所从事的职业和生活环境的不同，也会对子女出生时的智商产生影响（表1-11）。血缘关系研究是从人们血统亲疏远近的关系上，研究某特征或行为出现的一致性程度，是智力遗传因子研究的常用方法（表1-12）。

表1-11 不同职业的父亲其子女在韦克斯勒智力量表上的平均分

职业类别	平均智商		
	言语IQ	操作IQ	全量表IQ
专业与半专业工作人员	110.9	107.8	110.3
业主、经理和公职人员	105.9	105.3	106.2
办事员、售货员和类似人员	105.2	104.3	105.2
手艺工人、工头和类似工人	100.8	101.6	101.3
技工和类似工人	98.9	99.5	99.1
家庭佣人、防护人员和其他服务工人	97.6	96.9	97.0
农民和农场经理	96.8	98.6	97.4
农业工人、工头和工人	94.6	94.9	94.2

表1-12 血缘关系与智商的相关[1]

血缘关系			IQ相关（r中数）
无血亲关系	无关系儿童	分养	.01
		合养	.23
	养父母与养子女		.20

---

[1] 吴荔红. 学前儿童发展心理学[M]. 福州：福建人民出版社，2010.

续表

旁系血亲	堂、表兄弟姐妹		.16
	堂、表叔侄、舅甥		.26
	姨侄、舅甥		.34
	同胞	分养	.47
		合养	.55
直系血亲	异卵双生子	不同性别	.49
		同性别	.56
	同卵双生子	分养	.75
		合养	.87
	祖父母与孙子		.27
	父母与子女		.50
	父母(儿时)与子女		.56

遗传素质决定了儿童可能的发展方向,但儿童的发展是先天和后天相互作用的结果。德国心理学家斯腾的研究确定了人的发展受遗传和环境双重作用(图1-5)。

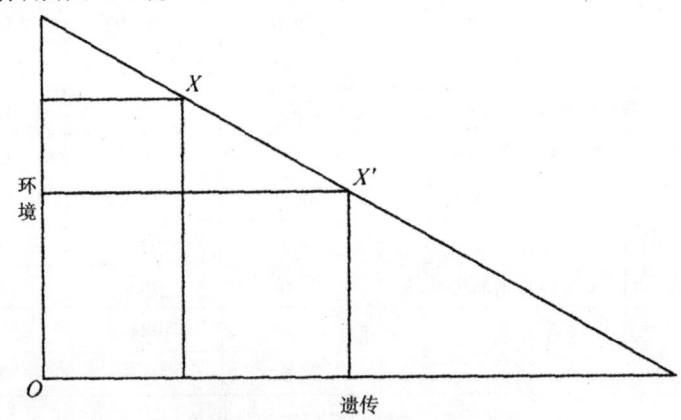

注:X、X' 代表不同具体机能,在不同程度上受遗传和环境的影响。X 机能受环境影响较大,而 X' 机能受遗传影响较大。

图1-5 遗传和环境与人的发展的关系

（二）生理成熟

生理成熟是影响个人心理健康发育的一个重要因素，在一定程度上，生理成熟受遗传影响较大。

排除遗传因素，生命发育过程中的生理发育成熟程度也会对个体的生理与心理健康产生重要影响。例如，受精卵在母体中形成之后，胎儿的健康发展发育受到母亲的情绪、营养状况、各种行为反应等的影响（图1-6）。

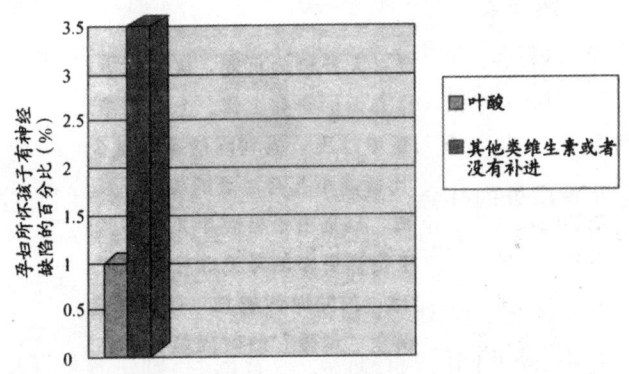

进补叶酸的妇女与进补其他维生素或没有进补的妇女所怀孩子有神经缺陷的比例

图 1-6　营养补充对胎儿的影响

（三）环境因素

环境因素可在不同程度上影响健康遗传潜力的发挥，并最终决定健康程度。

1. 自然环境

大气、水、土地、矿藏、森林、野生物，各种自然和人类遗迹等的总和构成了自然环境。自然环境组成了人类的生活环境。人类的健康与环境质量密切相关。良好的环境，可增进人类健康，有害的环境可威胁人类的健康及生存。

2. 社会环境

社会环境对儿童的影响是非常深远的，以下社会环境因素对儿童的心理健康发展影响非常大。

（1）社会生活条件

良好的社会生活条件,如政治、法律、经济、文化等条件,能为儿童的心理健康成长奠定良好的物质条件。例如,在战乱中生存的儿童与在良好社会经济文化生活环境中成长的儿童,心理健康发育状况是不同的。

（2）社会心理因素

就个人来说,良好的情绪、稳定的心理有助于个人心理的健康发展,就社会发展来说,整个社会的政治氛围、文明程度也会影响社会中人的心理发展。

（3）社会道德因素

社会道德对健康产生重要影响。儿童良好的世界观、价值观和人生观的形成,与其所生活的社会道德氛围密切相关。

3. 教育条件

教育是儿童所处的社会环境最重要的部分,是目的性和方向性最强、最有组织的引导儿童发展的环境。

家庭教育(家长的职业和文化水平、亲子关系、父母对子女的教育重视程度与干预方法等)会影响儿童的心理发展。

学前教育中,幼儿园的教育理念、教育内容、师生教学互动关系等都会对儿童心理发展起到重要作用。

社会教育方面,社会制度、社会风气、社会教育氛围的不同,会对整个儿童群体的心理健康发展产生影响。

遗传与环境对心理发展的作用是相互制约、相互依存的,环境对于某种特性或行为的发生发展能否起作用、起多大的作用,依赖于这种特性或行为的遗传基础。如一个迟钝的儿童与一个聪慧的儿童在同样的环境里成长,其发展是不一样的。一种严格、高要求的学习环境对于一个智力潜能较高的儿童来说可能会激发其潜能,但对于一个智力一般的儿童来说可能会抑制他的潜能。

同理,遗传作用的大小也依赖于环境的变化,以智力的"反应范围"(智力测验的成绩)为例,相同环境作用下,基因型C儿童(智力潜能最大者)总是比A、B二型儿童成绩高;基因型C儿童有一个较广阔的反应范围。这充分说明基因型潜能越大,环境变量对它的影响也越大(图1-7)。

图1-7 环境变量的影响

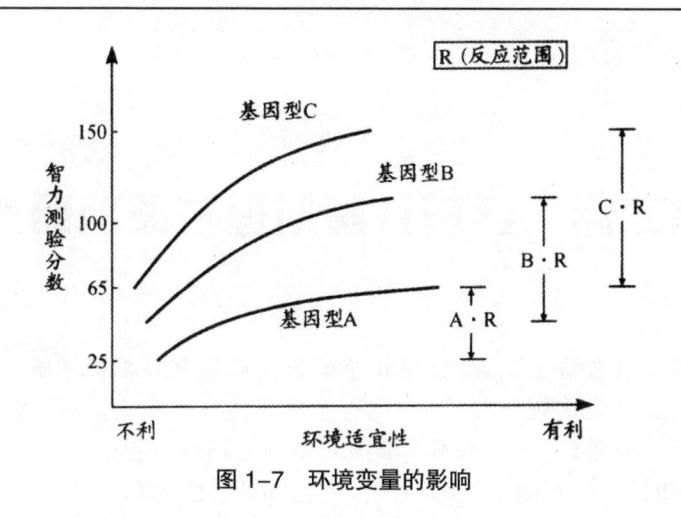

(四)儿童内在心理矛盾

儿童的心理发展会受到其心理需求与心理发展水平的影响。

首先,儿童在成长发育过程中会有心理需求,儿童的心理会倾向于某一事物的内心体验,如动机、兴趣、理想、信念和世界观等。这些心理构成因素和层面会影响儿童的心理发展。在儿童心理发展过程中,当新的需要引起原有心理水平的改变时,就促使儿童心理在原有基础上的新发展;反之,心理就保持原有水平。

其次,儿童的心理发展会表现出一定年龄特征,心理发展水平会影响儿童对事物的认识、感受。儿童的心理发展具有年龄局限性,对事物的不完全、不系统、不正确的认知,可能导致儿童自身心理发展的不平衡,这也正是需要进行儿童心理教育的原因。

第二章 学前儿童心理发展的研究

学前儿童教育工作者、学前儿童家长应该重视并积极了解与掌握学前儿童的心理发展规律和特征,只有这样才能在儿童心理健康发展过程中起到积极的引导、干预作用。学前儿童的心理发展包括多个方面,了解不同方面的知识,有助于教师和家长进行预防性引导与干预,进而促进学前儿童心理的健康发展。这里重点就学前儿童的认知、个性和社会性发展三个方面进行论述分析。

第一节 学前儿童认知的发展

一、认知的概念与内容

(一)认知的概念

认知,与认识基本同义,具体指人认识外界事物的过程,或者说是对作用于人的感觉器官的外界事物进行信息加工的过程。

(二)认知的内容

认知是个体最基本的心理发展过程,儿童的认知发展会随着年龄和经验的增长而不断发展,并对儿童的未来发展产生影响。

一般来说,个体的认知包括感觉、知觉、注意、记忆、思维、语言等内容,儿童的认知也不例外,同样由这些部分构成。

二、学前儿童认知主要构成部分的发展

(一)学前儿童感觉的发展

感觉是人类一切心理活动的开端,分为两大类:外部感觉(视觉、听觉、味觉、嗅觉、肤觉)和内部感觉(机体觉、运动觉、平衡觉)。

1. 儿童视觉的发展

(1)视敏度

视敏度,即视力。儿童视力会随年龄增长稳步发展,具体发展规律如下。
① 2~4岁的儿童喜欢看图片,喜欢阅读绘本。
② 3岁儿童的正常视力为0.6~0.8,立体视觉基本建立。
② 4岁时的正常视力为0.8~1.0。
③ 5~7岁时正常视力应为1.0。
④ 8~9岁时,儿童视力发育基本完成。

(2)颜色视觉

一般来说,婴儿出生后三到四个月后就能辨别出色彩,研究发现,3岁的孩子能识别5~6种常见颜色(表2-1、表2-2[①]),但因语言发展相对滞后可能无法用语言明确区分。

6岁前的儿童已能区分各种原色,对于他们来说,鲜艳的对比色能引起强烈的兴趣。

7岁以后,大多数儿童可表现出对颜色的偏好情绪,一般地,男生最喜爱黄色、蓝色;女生最喜爱红色、黄色。多数儿童喜欢鲜艳的颜色,喜欢灰黑色的儿童较少。

受遗传和其他因素影响,少数儿童可能有色觉缺陷:色盲和色弱。全色盲的儿童只能看到灰色和白色。在我国,男性色盲患者(5.8%)要高于女性色盲患者(1.5%)。

表2-1 幼儿园各年龄班幼儿正确辨认颜色的百分率(%)

	配对	指认	笼统命名	精确命名
小班	87.8	51.0	59.4	26.3
中班	95.5	65.8	72.5	40.1
大班	97.9	78.8	78.2	50.8

---

① 张莉.儿童发展心理学[M].武汉:华中师范大学出版社,2012.

表2-2　幼儿园各年龄班幼儿正确辨认的颜色数（种）（共12种）

	配对	指认	笼统命名	精确命名
小班	10.5	6.1	7.1	3.2
中班	11.5	7.9	8.7	4.8
大班	11.8	9.5	9.4	6.1

2. 儿童听觉的发展

研究发现，出生第一天的新生儿就已经有了听觉反应，很多婴儿出生后第一天或第二天会做听力测试，新生儿对呈现的声音会有眨眼、动嘴、皱脸、哭闹等听觉反应。

儿童的听觉能力要发展许多年，在11～15岁时基本达到成熟。

以6岁儿童辨别音调的能力为单位（单位为1），6岁以后至成年，儿童的听力会呈现长期持续的增长，平均听力数值表现为：7岁为1.4，8岁为1.6，9岁为2.6，10岁为3.7，19岁为5.2。成年期之后，个人的听觉能力便逐渐下降。

语言和听觉能力发展存在密切关系，如果儿童的听力受损不能正常接收声音，可能会产生弱听障碍，致使语言障碍或延误。

3. 儿童感觉统合的发展

感觉统合（sensory integration）是指将人体器官各部分感觉信息输入大脑，经过大脑的统合作用，完成对身体的内外知觉做出的反应，外在表现为动作协调、平衡感好、大动作和精细动作发育良好。

感觉统合失调的原因是中枢神经系统不健全，一般是受先天遗传、发育迟缓和环境因素等影响，如早产或剖腹产、爬行不足、过度保护、缺少运动等。研究表明，6岁前为感觉统合失调的最佳预防期，7～10岁为最佳治疗期，常见简单易操作的治疗措施如下。

（1）用梳子轻梳头发，刺激大脑皮质感觉区。

（2）用吹风机吹身体各部位，强化身体肤觉。

（3）跳一些简单的操，增加运动。

（二）学前儿童知觉的发展

1. 大小知觉的发展

儿童大小知觉一般从婴儿期就开始了，幼儿区分物体大小的能力随年龄增长而迅速增长。

第二章 学前儿童心理发展的研究

2. 形状知觉的发展

幼儿认识形状时会将其与日常中所见到过的事物进行类比,如看到圆形,称为皮球、太阳、圆月,认为它们是一样的,看到三角形会想到三角饼。

3~6岁幼儿辨认图形的正确率随年龄的增长而提高,他们正确辨别图形的百分比不断增加,年龄越长,辨认效果越好(表2-3)。

7岁以后,儿童认识图形会逐渐脱离具体事物,能认识到图形的一般特征(表2-4)。

表2-3 3~6岁儿童在不同速度正确辨认形状的百分率(%)

年龄(岁)	0.01秒	0.05秒	0.10秒	总平均
3	11.3	21.1	35.8	22.7
4	26.9	41.6	64.7	44.4
5	38.8	62.2	79.4	60.1
6	57.7	80.2	91.6	76.5

表2-4 初入学儿童正确掌握几何图形名称的百分率(%)

图形	□		○		△		▱	自编名称
叫出名称的百分率%	正方形	方块等	圆	圆圈等	三角形	三角等	梯形	
	31	68	29	80	24	73	5	12

范茨(Fantz,1971)针对婴儿的实验表明,婴儿时期个体已经具有形状知觉,且婴儿对不同的知觉对象有明显偏爱,在通过向婴儿展示图2-1所示各类图形时发现,婴儿注视(a)时间较长,把图2-1所示的8个图形单独展示给婴儿时,发现婴儿喜欢形状的顺序是靶心圆、棋盘图、正方形,这说明婴儿偏爱复杂图形。通过向婴儿展示图2-2所示图形时发现,婴儿仍是喜欢复杂的图案,向婴儿展示图2-3所示的两组图形时,发现婴儿喜欢两组图形中的Ⅱ,说明婴儿喜欢轮廓多、有动感的图形,偏爱曲线。

(a)　　　　　　(b)

（c）　　　　　　　　（d）

图 2-1　范茨婴儿知觉选择性实验图一

图 2-2　范茨婴儿知觉选择性实验图二

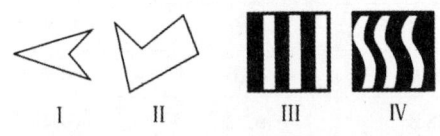

Ⅰ　　Ⅱ　　Ⅲ　　Ⅳ

图 2-3　范茨婴儿知觉选择性实验图三

3. 方位知觉的发展

方位知觉是对物体所处的空间位置和方向的知觉，如上下、前后、左右等。

20世纪80年代，陈敦淳研究发现，儿童的方位知觉进步显著，他提出已有75%的8～9岁的儿童能灵活、准确地掌握左右概念，比以往提早了2岁。陈敦淳认为6～7岁是儿童左右概念发展的飞跃期。

4. 时间知觉的发展

时间知觉指的是客观对象的持续时间、速度和顺序在头脑中的反应。

个体对时间的感知最初需要借助一定的媒介来区分，如太阳的升降、四季更替、日历、时钟等。随着年龄的增长，儿童开始能感知自然界的时间变化，能分清白天和夜晚。4～5岁的幼儿对"前天""后天"等概念还不能掌握。例如：一个4.5岁的孩子问老师："妈妈什么时候来接我？"老师说："后天。""我应当再睡几次？""两次。"孩子装睡了两次后对老师说："现在妈妈该来接我了吧？"[①]

[①] 彭小虎，王国峰，朱丹. 儿童发展与教育心理学[M]. 上海：华东师范大学出版社，2013.

5岁时,儿童的时间知觉不准确;7岁儿童开始能用时间标尺,但使用率和使用水平不高。

一般地,到8岁时,儿童基本能主动利用时间标尺(如钟表)来判断时间,对时间准确度的掌握可接近成人水平。

5. 运动知觉的发展

运动知觉是指对物体位移和速度变化的反应。儿童通过运动知觉辨明物体是静止的,还是运动的;如果是运动的,运动速度有多快。

一般来说,学前儿童的精细动作发展不健全,动作协调性欠缺,在学习生字、画画、进行手工活动时表现尤为明显。随着年龄的增长,运动知觉会不断发展完善,逐渐变得准确。

精确的运动知觉是个体应具备的重要心理能力之一。运动可以促进儿童运动知觉的发展,因此,应多组织儿童参与体育运动锻炼。

适当的体育运动可以促进儿童对运动器械(球、棍、绳、带等)与自己、自己与同伴的空间位置做出判断。活动中,儿童通过动觉、平衡觉、触觉,以及视觉、听觉、机体觉等若干信息来判断运动着的物体和人的空间位置,并感受自身的身体肌肉、关节等部位的运动,进而做出及时、正确的动作反应。

(三)学前儿童注意的发展

注意是心理活动或意识对相应对象的选择、指向和集中。

注意有两个特点,即指向性和集中性。注意的指向性指人的心理活动对对象的想象,如儿童接触多个事物与活动时,会选择自己感兴趣的事物与活动。集中性是指儿童心理活动指向某一事物的持续时间和范围。

个体的注意有不同的分类与维度,根据不同标准可以分为不同类型(表2-5);注意包括范围和方向两个维度,在这两个维度下,可将注意分为四种方式(图2-4),不同的活动所需要的个体注意方式不同,不同的注意方式可对个体认识事物产生不同影响。

表2-5 注意分类及内容

分类依据	注意类型	注意内容及其表现
功能	选择性注意	注意指向于一项或一些任务
	集中性注意	意识指向于、集中于一定的刺激
	分配性注意	关注不同的任务

续表

分类依据	注意类型	注意内容及其表现
目的和程度	无意注意	无预定目的,注意无需自控
	有意注意	有预定目的,注意需要自控
	有意后注意	有自觉目的,但不需自控
表现	外显性注意	直接把注意转向外界刺激来源
	内隐性注意	注意集中于多个刺激中的一个

```
                    外部
                     ↑
    广阔—外部注意  |  狭窄—外部注意
                     |
   广阔 ←————————————+————————————→ 狭窄
                     |
    广阔—内部注意  |  狭窄—内部注意
                     ↓
                    内部
```

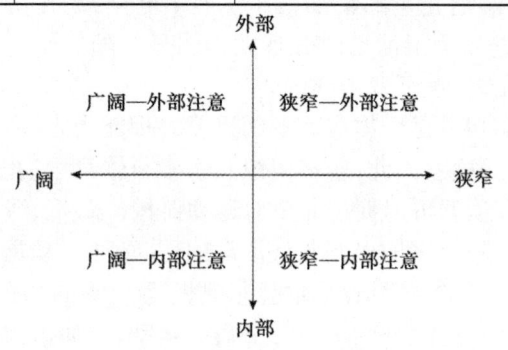

图 2-4 注意的四种方式

广阔—外部注意:范围广、指向外部环境。

狭窄—外部注意:范围窄、指向外部环境。

广阔—内部注意:范围广、指向内部信息。

狭窄—内部注意:范围窄、指向内部信息。

一般来说,3 岁之前,儿童的注意都是无意识的注意。在接受学前教育阶段,儿童的有意注意开始逐渐出现,在教师引导下,可以完成需要一定注意力的教学活动,这一时期儿童的注意力不够稳定,表现为注意力的持续时间不长(幼儿园中班幼儿的注意力在 5—10 分钟,幼儿园大班的幼儿注意力在 10—15 分钟)、注意范围窄,需要引导等。在进入小学后,儿童才能学会逐渐组织和控制自己的注意力。

(四)学前儿童记忆的发展

记忆的心理过程可以分为三个环节,识记、保持、恢复(回忆和再认)。幼儿期是个体记忆力的发展敏感期。

从记忆的内容来看,儿童的动作记忆出现最早,婴儿出生后对母亲哺乳姿势的条件反射就是一种动作记忆,此后在出生 5~6 个月,会出现情绪记忆,再之后,会依次出现形象记忆、词语记忆(1 岁左右)。

幼儿时期,形象记忆和语词记忆的发展特点不同,二者又联系紧密,相互促进(表2-6)。

表2-6　学前儿童形象记忆和语词记忆的效果比较

年龄	平均再现数量		
	熟悉的物体	熟悉的词	生疏的词
3～4岁	3.9	1.8	0
4～5岁	4.4	3.6	0.3
5～6岁	5.1	4.3	0.4
6～7岁	5.6	4.8	1.2

从表2-6中可以发现,幼儿形象记忆的效果比语词记忆效果好,随着年龄的增长不断提高,比较而言,语词记忆的发展速度较形象记忆快。

根据记忆的发展过程(三个环节),儿童记忆内容的增加需要不断进行记忆恢复,记忆的恢复是接受信息后对信息进行加工处理、存储的过程,受生理发育的影响,幼儿对信息的编码加工能力较差,与成人相比,儿童在记忆信息时很难对各种信息完全理解,因此儿童的记忆主要是机械记忆——死记硬背。

随着幼儿年龄的增长,会出现对信息理解与解读的意义记忆,此后,机械记忆与意义记忆共同发挥作用,帮助儿童完成对既定信息的记忆。

(五)学前儿童思维的发展

思维发展是连续的过程,幼儿期开始时儿童的思维仍然带有婴儿直觉行动思维的特点,是这一阶段典型的思维形式——具体形象思维,而后会在这一阶段末期萌芽高级的思维形式——抽象逻辑思维。

1.儿童形象思维

从婴幼儿时期到学前儿童时期,随着年龄的增长,以及儿童不断接受新事物,儿童的形象思维逐步过渡为逻辑思维。并且随着知识的不断丰富,其思考的目的性、独立性和灵活性也有了一定程度的提高。

从出生到6岁,儿童的思维发展特点表现如下。

婴儿到幼儿初期,婴幼儿的直觉行动思维占据主导地位,婴儿时的直觉行动思维到幼儿初期(3～4岁)时仍有保留。

3～4岁,儿童解决问题会表现出较为明确的目的性和计划性,3岁后儿童开始理解相似情景的实际差异,如被蚊子咬了要涂风油精,手被割伤应贴创可贴。

幼儿期甚至小学初期，儿童逐渐产生了具体形象思维，具体来说，就是依靠具体形象来理解事物和解决问题的思维，思维表现出具体性和形象性。这一时期，幼儿能掌握一些具体概念，如理解"父亲"概念时，认为父亲是像我爸爸那样年龄的男性，但不能很好地掌握类概念，如可以掌握"苹果"和"椅子"的概念却不能掌握"水果"和"家具"的概念。

幼儿具体形象思维会导致其认识的片面性，如母亲放在水果篮里四个苹果，告诉儿童不能吃，儿童想吃又担心会受到责罚时会做出"在每个苹果上咬一口"的行动，在儿童的认知里，苹果数量并没有变，因此不会被发现偷吃了苹果。

皮亚杰的研究证实，到幼儿末期，儿童才能获得守恒的认识（图2-5）。皮亚杰认为，幼儿的具体形象性思维使其很难理解不同事物在空间以及体积上的比较，他们的思维更具有直观性，只相信自己看到的"事实"。因此，在解决问题时带有拟人性，观察问题时只看到事物表面，理解问题时较为单一，不能理解具有相对意义的事物等。

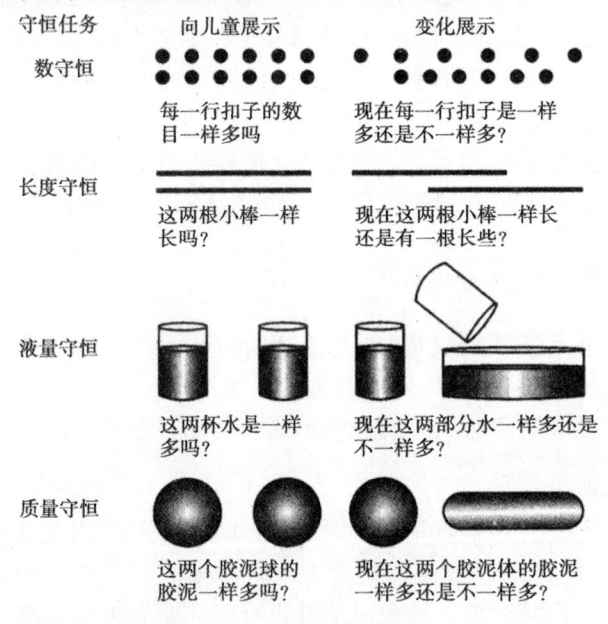

守恒任务	向儿童展示	变化展示
数守恒	每一行扣子的数目一样多吗？	现在每一行扣子是一样多还是不一样多？
长度守恒	这两根小棒一样长吗？	现在这两根小棒一样长还是有一根长些？
液量守恒	这两杯水是一样多吗？	现在这两部分水一样多还是不一样多？
质量守恒	这两个胶泥球的胶泥一样多吗？	现在这两个胶泥体的胶泥一样多还是不一样多？

图2-5 皮亚杰的四种守恒实验（方富熹，方格，2005）

2. 儿童的抽象逻辑思维

抽象逻辑思维，指以抽象的概念或符号来判断、推理、解决问题的思维形式。

幼儿晚期时会开始有抽象思维的出现，整个幼儿晚期是幼儿的直觉行动思维发展为具体形象思维,再发展到抽象逻辑思维的过渡阶段。

3. 幼儿思维的自我中心化

幼儿时期,思维可表现出带有自我中心特点,具体来说,幼儿无法分清自己和其他客体的思维界限,不能站在别人的角度去思考问题、解释行为。

举例来说,向幼儿讲"孔融让梨"的故事,问幼儿孔融为什么让梨,幼儿会回答"他喜欢吃小的",让幼儿观察一个放在固定位置的玩具娃娃看到的景象并描述,幼儿大多数会描述自己所看到的景象,而非玩具娃娃的视觉所能看到的景象,这是幼儿思维自我中心化的表现。

(六)学前儿童语言的发展

1. 儿童语音的发展

研究普遍认为,儿童对语言的掌握和理解是从语音开始的。儿童语言的产生是建立在良好的听觉、发音器官发育成熟、语言中枢功能正常的基础之上的。

卡普兰研究认为,儿童的发音可以分为以下四个阶段。

(1)第一阶段——哭叫(0~1个月),发音不分化,具有明显个别性的反射反应,成人需要结合具体情境来判断婴儿的需求。

(2)第二阶段——咕咕叫(1~6个月),哭声分化,不同的哭声表示不同的需求。

(3)第三阶段——咿呀学语(6~10个月),会在身体舒适时发音,可以发元音和辅音。

(4)第四阶段——规范化语音(10~12个月),可以发出正常的语音。

3~4岁是儿童语言发展的飞跃时期,因此,在学前时期加紧儿童的口语教育很有必要。

2. 儿童对词汇的掌握

儿童对词汇的掌握会随着年龄的增长而快速提高,在词汇掌握上会表现出一定的规律性,如掌握实词先于虚词(表2-7),早期的词汇内容局限在日常生活的范围内,多源于生活经验和生活内容。

表 2-7 学龄前儿童各类词汇量汇总

类别	3～4岁		4～5岁		5～6岁	
	数量	百分比	数量	百分比	数量	百分比
名词	935	54.1	1 446	56.0	2 049	57.5
动词	431	24.96	579	22.4	725	20.4
形容词	204	11.8	308	11.92	382	10.7
代词	18	1.0	22	0.89	25	0.7
量词	28	1.7	46	1.78	70	1.96
数词	53	3.1	114	4.4	225	6.34
副词	24	1.3	28	1.1	40	1.1
助词	14	0.8	14	0.5	14	0.4
介词	10	0.5	12	0.47	16	0.45
连词	6	0.34	7	0.27	9	0.24
叹词	7	0.4	7	0.27	7	0.21
合计	1 730	100.00	2 583	100.00	3 562	100.00

第二节 学前儿童个性的发展

一、个性的概念与构成

(一)个性的概念

个性,有时也称"人格"。广义的个性与人格是同义词,指人的一些意识倾向和各种稳定而独特的心理特征。狭义的个性指个人与共性相对的精神或心理面貌。

(二)个性的构成

一个人的个性是由多个方面构成的,个人的情绪、气质、性格等都是构成个体个性的重要内容。

个性是多个心理特点的综合,个人的气质、性格、兴趣和能力等对个人的人生方向与目标有着非常重要的影响,个性贯穿着人的一生,影响着人的一生。

二、学前儿童个性主要构成部分的发展

(一)学前儿童情绪的发展

研究认为,个人的情绪是生来就有的,在婴幼儿时期,个体的情绪表现出以下基本特征。

(1)新生儿的情绪完全受遗传控制,个体差异明显。
(2)新生儿的情绪基本由生理需要是否得到满足所决定。
(3)新生儿的情绪表现笼统、不分化,成人很难分清新生儿哭的原因,需要周密地检查、尝试、猜测来明确新生儿的需求。

加拿大心理学家布里奇斯研究认为,儿童的情绪会随着年龄的增长而逐渐分化,并指出了儿童情绪分化的时间规律(图2-6,1932)。

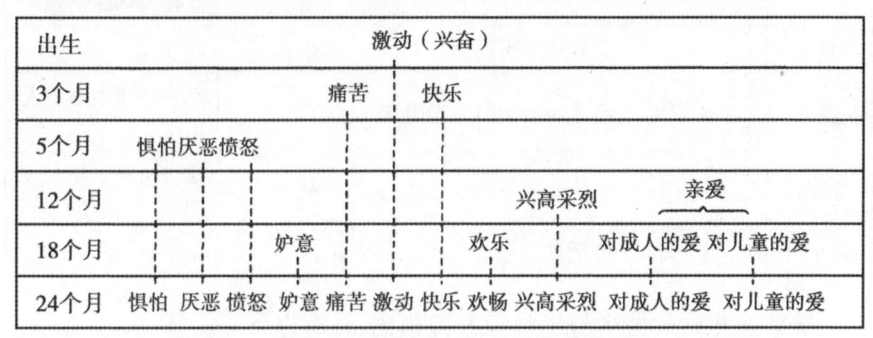

出生			激动(兴奋)				
3个月			痛苦	快乐			
5个月	惧怕厌恶愤怒						
12个月					兴高采烈		亲爱
18个月		妒意		欢乐		对成人的爱	对儿童的爱
24个月	惧怕 厌恶 愤怒	妒意	痛苦	激动 快乐 欢畅	兴高采烈	对成人的爱	对儿童的爱

图2-6 儿童情绪分化的时间规律

我国心理学家林传鼎观察研究认为,新生儿的两种情绪反应,会逐渐分化。到出生后第三个月末时,开始出现多种不同的但还没有完全分化的情绪,这一时期,成人可以根据幼儿的面部表情变化对情绪的含义与程度做出判断。4~6个月以后,幼儿在与人不断交往的过程中逐渐出现了与社会性需要相关联的情绪体验。

我国情绪心理学研究的开创者孟昭兰认为,婴儿从种族进化中获得的情绪大约为8~10种,这些不同的情绪会在婴儿出生到半岁左右陆续出现(表2-8),幼儿对不同情绪的反应(如微笑、皱眉、纵鼻等)是天生的,是在神经系统和脑中预置的。

表2-8 个体情绪发生时间表[①]

情绪类别	最早出现时间	诱因	经常显露时间	诱因
痛苦	出生后	身体痛、刺激	出生后	
厌恶	出生后	味刺激	出生后	
微笑	出生后	睡眠中,内部过程节律反应	出生后	
兴趣	出生后	新异性光、声或动的物体	3个月	
社会性微笑	3~6周	高频人语声,人的面孔出现	3个月	熟人面孔出现,面对面游戏
愤怒	2个月	痛刺激	7~8个月	活动受限
悲伤	3~4个月	治疗痛刺激	7个月	与熟人分离
惧怕	7个月	从高处降落	9个月	陌生人出现,新异性较大物体出现
惊奇	1岁	新异物类出现	2岁	同前
害羞	1~1岁半	熟悉环境中陌生人出现	2岁	熟悉环境中陌生人出现
轻蔑	1~1岁半	欢快情况下显示成功	3岁	欢快情况下显示成功
自罪感	1~1岁半	抢玩具	3岁	做错事

学龄前儿童的情绪与年龄较大者相比,具有以下显著特点。

(1)易冲动:幼儿很容易兴奋,且兴奋强度大,持续时间长、出现次数多,难以自控。

(2)易变换:幼儿的情绪变化快,不稳定,一会哭一会笑。

(3)易传染:幼儿的情绪容易受到他人的情绪影响,如幼儿园的班级活动中,一个小朋友哭可能引起全班小朋友一起哭。

(4)易外露:幼儿的情绪具有鲜明的外露性,不太会隐藏内心情绪。

(二)学前儿童气质的发展

现代心理学研究认为,气质是一种存在于人身上的典型的、稳定的心理特征。

公元前5世纪,古希腊医生希波克拉底提出四种体液的气质学说,把

[①] 张莉.儿童发展心理学[M].武汉:华中师范大学出版社,2012.

第二章　学前儿童心理发展的研究

气质分为四种基本类型(表2-9),大多数人接近某种气质,同时又具有其他气质的某些特点。

表2-9　气质的四种基本类型

气质类型	情绪表现	行为表现
多血质	快而多变,但不强烈,体验不深,但敏感	活泼好动 积极主动
胆汁质	易受感动,很强烈,易发脾气,不能自制	工作积极 毅力强大 有创新精神
粘液质	沉着平静、迟缓,很少发脾气,很少外露	深思熟虑 自制力强,坚忍不拔 做事有条有理
抑郁质	平静,不易动情 脆弱、易神经过敏,容易孤僻	动作迟缓 不喜欢抛头露面 容易伤感、悲观

托马斯(A. Thomas)和切斯(S. Chess)等对儿童的气质进行了长达10年的追踪研究,从活动水平、规律性、注意分散程度、主动与退缩、适应性、注意的广度和持久性、反应的强度、反应阈限、情绪质量九个方面考察儿童活动,把儿童的气质划分为三种类型(表2-10)。

表2-10　托马斯—切斯的婴儿气质类型

气质类型 气质分类 气质维度	容易型	迟缓型	困难型
活动水平	变动	低于正常	变动
规律性	非常规律	变动	不规律
注意分散程度	变动	变动	变动
主动或退缩	积极接近	起初逃避	逃避
适应性	适应性强	适应慢	适应慢
注意的广度、持久性	高或低	高或低	高或低
反应强度	中等或中偏下	很弱	强
反应阈限	高或低	高或低	高或低
情绪质量	积极	消极(低落)	消极(烦躁)

根据托马斯—切斯的婴儿气质分类,不同气质类型的儿童表现

不同。

首先,容易型的儿童活动水平居中等,生活十分有规律性,对新的刺激有积极的探究反应,易于适应环境,长期处于积极的心境中。此类儿童约占儿童总数的40%。

其次,慢慢活跃的儿童活动规律多变,成人难以捉摸,对于新刺激的积极探究性不够,表现出退缩反应,然后慢慢也能适应新环境,这类儿童大部分时候的心境是积极愉快的,这类儿童约占儿童总数的15%。

最后,困难型气质的儿童活动状况极易变化,无规律性,对新刺激有明显的退缩反应,需要帮助才能适应新环境。成人不同的教养态度和方法可导致儿童的最终发展差异较大。此类儿童约占儿童总数的10%。

学前儿童的气质具有稳定性和可变性。一方面,儿童的气质受遗传因素影响较大,具有一定的稳定性,另一方面,环境也对气质具有持续性影响和改造能力。

(三)学前儿童性格的发展

1. 学前儿童的共同性格

天真活泼是学前儿童性格中最突出的特点,具体表现为有强烈的求知欲望,对成人的回答表现出满足和深信不疑等。

儿童天真的性格使儿童会用童心去看待世界,对周围的人和事表现出好奇并会提出各种各样的问题去了解这些人和事物。

儿童的天真表现出儿童认知水平的局限性,他们太容易满足和轻信于成人的回答,很少怀疑成人的回答是否有漏洞、有欺骗、有保留。

学前儿童性格天真活泼,对事物的探索欲强,学前儿童教育工作者可以通过具体形象的教学活动鼓励儿童去切身感受周围的世界,如通过敲一敲、打一打、摸一摸、摇一摇、跳一跳等活动帮助他们认识事物的属性。

2. 学前儿童的性格差异

学前儿童的性格表现出群体共性,也有个体差异,性格差异在5岁以后会表现得更加明显。

5岁以后,幼儿的性格出现了明显的差异。万传文、范存仁等人的研究发现,5岁组和6岁组中独生子女和非独生子女在独立性方面的差异显著,在依赖性、独立性、攻击性和友好性等行为方面,5~7岁幼儿存在明显的性别差异。女孩要比男孩表现得更友好,男孩要比女孩更有攻击性。

第三节　学前儿童的社会化发展

一、学前儿童的社会性与社会心理

(一)人的社会属性

人具有社会属性,人需要在社会环境中生存、成长。每个儿童从一出生,就开始了由一个自然人向社会人转化的过程。

社会学家研究指出,当孩子对母亲的爱抚有表情和动作的回应时,其就开始融入现代社会,有了最初的社会交际。

学前时期,幼儿的生活与学习中心从家庭环境中过渡到幼儿园环境中,开始与同伴集体生活与交流,这一时期是幼儿正式踏入社会的一个关键时期,也是人的一生中社会性发展的关键时期。

(二)学前儿童社会心理健康

学前儿童心理发展在社会性方面的健康表现具体如下。
(1)积极参与学习和游戏等活动。
(2)容易适应新环境,充满兴趣和好奇心。
(3)对人友善,享受与人共处。
(4)愿意表达需要、感觉,愿意与人沟通。
(5)喜欢自己,喜欢别人,能理解别人。
(6)学习自我控制。
(7)自信,能享受成功喜悦,也能面对失败不灰心。
(8)大部分时间心情愉快。

二、学前儿童社会化发展的内容

(一)学前儿童人际关系的发展

人际关系是人在社会环境中与其他社会成员接触过程中必然会形成的社会关系,学前儿童的人际关系主要有以下三种。

1. 亲子关系

亲子关系,指父母等抚养人与子女的关系。

与其他人际关系相比,亲子关系是建立在血缘关系、教养关系、抚育关系之上的一种稳固关系。

学前儿童的亲子关系主要有以下几种类型。

(1)回避型

回避型的亲子关系中,学前儿童与父母相处时会表现出一定的关系疏离。举例来说,在这样的亲子关系中,如果母亲离开时,学前儿童并不会特别紧张或忧虑。当母亲回来时,学前儿童也不去理会母亲,只会在母亲到来时注意到并短暂地接近,然后又走开。这种类型的儿童比较少。

(2)安全型

安全型的亲子关系中,学前儿童与母亲在一起睡,能安静玩耍,对陌生人的反应比较积极。如果母亲离开,儿童的贪睡性行为会受到影响,会表现出苦恼,当母亲回来时会立即寻求与母亲接触,并很快平复进入游戏。

相较于其他依恋关系类型来说,安全型依恋是一种较好的依恋类型。

(3)反抗型

反抗型亲子关系中,学前儿童会在母亲离开之后表现出极端反抗行为,此类儿童见到母亲回来会寻求与母亲接触,但同时,又反抗与母亲接触,是一种比较矛盾的心理,如婴儿看见母亲回来会要求母亲抱,但又在被抱起时挣扎着要下来玩。

(4)混乱型

混乱型亲子关系中,学前儿童的行为常常是亲近、回避和反抗行为的结合,或神情恍惚、呆滞,或缠住母亲但身体躲避。这是一种非常不安全的亲子关系。

日常生活中,被虐待的儿童和母亲患有抑郁症的儿童,比较容易出现混乱型亲子关系。

陌生环境里,混乱型依恋儿童会表现得缺乏安全感和自我控制能力。

良好的亲子关系可有效促进学前儿童的认知能力,特别是在孩子智力发展的关键期(婴幼儿阶段),给孩子及时、恰当的教育与指导会取得事半功倍的效果。对于父母来说,要想促进幼儿的智力发育和认知发展,应该与学前儿童频繁地进行沟通接触,通过亲子互动帮助幼儿更好地认识周围人、事、物、环境,并帮助其学会与外界环境和谐共处。

第二章 学前儿童心理发展的研究

2.同伴关系

同伴关系,指学前儿童与其他儿童之间的关系,通常来说,在同龄人中,学前儿童与同伴之间的关系具有平等性、互惠性。

不同的学前儿童在同伴关系中会扮演不同的角色,主要有以下三种。

(1)受欢迎型

受欢迎型学前儿童往往具有良好的同伴关系,这种良好的同伴关系为其自身的健康成长铺平了道路,在同伴之间的互动中,受欢迎型学前儿童更倾向于成为优秀的问题处理者、有效协调者和同伴的支持者。

受欢迎型儿童具有以下交往特点。

①性格外向、友好。

②少有攻击性行为。

③情绪稳定。

④积极主动。

(2)被拒绝型

被拒绝型的学前儿童,在与其他儿童的交往过程中,通常会受到拒绝,容易与他人起争执、被排斥。此类儿童具有以下特点。

①体质好,力气大,多与同伴肢体接触。

②聪明,活动强度大,行动速度快。

③性格外向,过于活泼,容易冲动。

④积极主动,但不擅与人沟通。

⑤对自己往往评价过高,不屑有没有朋友。

(3)被忽视型

被忽视型的学前儿童在集体生活中往往处于被忽视的位置,很少会被人注意到,也容易被教师忽视,此类学前儿童具有以下交往特征。

①体质差,力气小,能力弱。

②性格内向,安静,喜欢独处。

③主动性和积极性较差。

④与同伴接触,不十分友好,也少有攻击行为。

⑤不太受同伴喜欢,也没有什么同伴讨厌他们。

⑥反应冷漠,缺乏兴趣。

(4)矛盾型

矛盾型学前儿童,也称"有争议的学前儿童",指在与同伴的交往中会被某些同伴喜爱,同时又被另一些同伴讨厌的学前儿童,此类儿童在与同伴交往时具有以下特点。

①能力较强,性格活跃,有领导力、权威力。
②在某方面会压制同伴,因此不受欢迎。
③行为有时具有破坏性,会引起同伴反感。

（5）一般型

一般型交往关系中的学前儿童是在各个方面发展和表现都比较平均的儿童,与上述几个类型的儿童相比,与同伴关系各方面的表现不突出。

①既不特别主动、友好,也不特别被动、惹人讨厌。
②同伴们大多不是特别喜爱、接纳他们,也不会特别拒绝、忽视他们。

3. 师生关系

学前儿童的师生关系是指幼儿在进入幼儿园后与幼儿园教师形成的一种关系,是与父母之外的人建立的一种关系,这是幼儿在与家庭成员之外的成员建立一种比较固定、亲密的关系。

（1）互尊互爱,教师应主动为构建和谐师生关系努力,在课堂教学和课外活动中主动关心、关爱学生,促进幼儿全面健康成长。而幼儿则应尊敬老师,这是幼儿的良好道德表现。

（2）民主平等,学前教育工作者应做到为人师表,以身作则,在日常生活和教学中应为幼儿建立一个平等、互爱、民主的教学与生活环境,对所有的幼儿一视同仁,要客观、公正、公平地对待每一位幼儿。

（3）教学相长,幼儿都是天真、善良的,在面向学前幼儿的教学中,教师和学生也都各有特点、长处、不足。学生尊敬爱戴老师,崇拜老师,教师也应看到学生身上的"闪光点",善于从学生身上发现优点和长处,不断完善自我。

（二）学前儿童性别角色的发展

性别角色,具体是指人们因性别不同而产生的符合一定社会期望的品质特征,包括不同性别所特有的人格特征、社会行为模式和态度。[①]性别角色是人在社会化过程中重要且延续终生的内容。

学前幼儿对自己性别角色的认知从2.5岁左右开始,这一时期幼儿虽然不能准确地表达出男女性别的不同,但是能区分男孩和女孩,更喜欢和同性的小伙伴交往。

在幼儿的成长过程中,处于某一时期的不同性别儿童从小就会接受不同性别角色的教育,这些性别意识与性别行为都会在学前时期对儿童

---

① 王坚.学前儿童心理健康教育[M].北京：北京师范大学出版社,2015.

产生重要影响。家长和教师应正确对待幼儿的性别角色教育,及时给予幼儿正确的性别认知指导。

(三)学前儿童亲社会行为的发展

亲社会行为是一种与现代社会以及社会其他成员主动接触和表示出友好状态行为,具体是指个体帮助或打算帮助他人的倾向或行为。

对于学前儿童来说,亲社会行为是一种主动对外界社会进行探索的行为,这种行为最大特点是使他人或群体受益,学前儿童的亲社会行为和他们的道德发展具有非常密切的关系。

学前儿童的亲社会行为发展主要表现如下。

1. 移情

移情是学前儿童道德认识发展的主要方面,移情是指从他人的角度来考虑问题。移情是儿童亲社会行为产生的一个重要前提和主要动机。

移情对于学前儿童的社会性发展有如下影响。

(1)使幼儿摆脱自我中心,产生利他思想,从而促进其亲社会行为的产生。

(2)引起儿童情感共鸣,使其产生同情心和羞愧感,从而激发亲社会行为的产生。

2. 分享

分享是学前时期儿童亲社会行为发展的主要方面,学前儿童的分享行为主要表现出如下特点。

(1)均分观念占主导地位,一般来说,在4~5岁,逐渐学会均分;5~6岁时分享水平提高,表现为慷慨行为增多。

(2)分享水平受分享物品数量的影响。当分享物品与分享人数相等时,均分反应强;当只有一件分享物品时,慷慨反应强;分享物品数量越多,均分反应越弱、自我满足反应越强,表现了幼儿利他观念的不稳定。

(3)物品数量多于人数时,倾向于将多余的那份分给(表示或认为)需要的同伴。

(4)对象不同,分享反应不同。面对家长的慷慨反应比面向同伴的慷慨反应多;物品多时,慷慨反应下降。

(5)物品不同,分享反应不同。食物的均分反应多,而玩具的慷慨反应稍多。

(四)学前儿童攻击性行为的发展

攻击性行为,又称侵犯性行为,是与人相处过程中的一种不友好的行为,更多时候是会侵犯到他人的利益,对于行为者来说,是以伤害他人为目的的各种行为,如打人、骂人、向他人挑衅等。

相对于亲社会行为,侵犯性行为会让他人的利益受到损害,可导致其他社会成员对具有侵犯行为的人逐渐疏远。

儿童的攻击行为,从内心意向出发,可分为以下两类。

敌意攻击——具有明显的、直接性的攻击意向的攻击行为,如故意推另一个孩子。

工具性攻击——儿童为了一种目的而采取的攻击性措施,如为了争夺玩具而推另一个孩子。

学前儿童的攻击性行为是一种非常不好的社会行为,在与同伴的相处过程中,不受欢迎经常发生,不管是什么原因,这种行为于人于己都是非常不利的,会影响学前儿童的道德发展、人格发展以及社会交往。

在学前儿童的生活学习中,教师和家长应该注意对儿童的观察,关注儿童是否存在攻击性行为或者攻击性行为倾向。学前儿童在刚刚接触社会的过程中,如果表现出过激的对其他同伴和教师的侵犯行为,应深入了解儿童是否存在认知不足、缺乏安全感、诱因刺激等心理健康问题。教师应重视对儿童正确认知和观念的引导,教会儿童正确表达、有效控制自我行为,重视对学前儿童的社会性发展引导。

学前儿童的攻击性行为是不可避免的,儿童攻击性行为产生的原因是其思维、道德、自我控制能力的不成熟,容易受诱惑(玩具和物品)产生独占想法。教师和父母应正确看待和干预学前儿童的攻击性行为,分析行为缘由、行为性质,及时给予正确的教育和引导,以逐渐减少学前儿童攻击性行为的发生。

第三章 学前儿童教育活动设计的理论指引

学前教育活动是学前教育工作者有目的、有计划地利用幼儿园所提供的环境和教学资源,组织幼儿园师生进行交流与互动,并促进学前儿童的身心健康全面发展的教学活动。学前儿童教育活动是促进学前儿童健康发展的主要途径,学前教育活动的设计应充分贯彻国家的教育方针,坚持保育与教育相结合,通过健康、语言、社会、科学、艺术等多个教学领域的教学活动组织,促进学前儿童的体、智、德、美等全面发展。本章重点就学前儿童教育活动设计的基础理论知识进行解读,以期为学前教育工作者科学设计学前儿童教育活动、达成学前儿童教育目标提供理论指导依据。

第一节 学前儿童教育活动简述

一、学前教育与学前教育活动

(一)学前教育

学前教育是对学龄前儿童所实施的保育和教育的总称。[①]

要更深入地理解学前教育,应明确以下两点。

学前教育的对象——学龄前儿童,主要是指 0~6 岁的幼儿。学前教育的入学标准不同,教育起点也可能各不相同。

学前教育的内容——保育和教育活动。学前儿童的生理功能、智力和社交有限,需要教师引导教育,因此和其他年龄阶段不同,学前教育不仅仅是教育,还有保育的内容。

[①] 陈思睿,蒋尊容,赵俊.学前教育活动设计与实施[M].成都:西南交通大学出版社,2015.

(二)学前教育活动

学前教育活动有广义和狭义之分。广义的学前教育活动指对学前儿童施加教育影响的一切活动;狭义的学前教育活动指在学前教育机构实施的活动。

学前教育工作者组织开展学前教育活动,应在《国家中长期教育改革和发展规划纲要(2010—2020年)》的指导下进行,教学围绕学前儿童开展,教育目的在于促进学前儿童的身心健康、全面发展。

学前教育活动包括以下三个构成要素。

教师——学前教育活动的组织者、指导者和支持者。

学前儿童——学前教育活动的对象、主体。

教学活动过程——幼儿园(托儿所)师生的体验和创造过程。

二、学前儿童教育活动的类型与内容

(一)学前儿童教育活动的类型

根据不同的分类标准,可以将学前儿童教育活动分成不同的类型,具体见表3-1。

表3-1 学前儿童教育活动类型

分类标准	学前儿童教学活动种类	
活动特征	生活活动	日常进程、饮水、睡眠
	区域活动	满足儿童不同兴趣的活动区(活动角)
	教育活动	根据教学目标专门设计组织的教学活动
教学内容	分学科式教学活动	语言、音乐、体育等
	分领域式教学活动	健康、语言、社会、科学、艺术五大领域
	综合主题式活动	打破学科或领域的系列活动
组织形式	集体活动	多以班级为一个集体
	小组活动	教师安排或幼儿自发组织
	个体活动	幼儿自发的、自由活动
学习方式	接受式活动	教师呈现教学内容
	体验式活动	幼儿亲身参与实践

第三章 学前儿童教育活动设计的理论指引

续表

分类标准		学前儿童教学活动种类
学习方式	探究式活动	幼儿自主发现、探索和解决问题
	合作式活动	幼儿以小组为形式相互合作
其他形式	全园活动	全园集体活动
	亲子活动	家园共育

(二)学前儿童教育活动的内容

《国家中长期教育改革和发展规划纲要(2010—2020年)》在"教育内容与要求"中明确规定:"幼儿园的教育内容是全面的、启蒙性的、可以相对划分为健康、语言、社会、科学、艺术五大领域,各领域的内容相互渗透。"

幼儿园教育活动的内容包括五大领域和七项内容,在五大领域中,科学分为数学和科学两个部分,艺术分为音乐和美术两个部分。

第二节 学前儿童教育活动设计概述及要素

一、学前儿童教育活动设计的概念与特点

(一)学前儿童教育活动设计的概念

学前儿童教育活动设计是一种学前儿童教育教学准备工作,是学前儿童教育工作者为提高教学质量,在幼儿教学活动中采取的具体教学活动方案。

(二)学前儿童教育活动设计的特点

1. 超前性

教学设计是一种教学准备工作,是教学开始前的一种教学预测,具有超前性。

对于学前儿童教育工作者来说,进行学前儿童教育活动设计,旨在使整个教学活动更加有序、有效地进行。从学前儿童教育活动开展程序上

来讲,学前儿童教育活动设计是一种设想和预测,是对未来学前儿童教育活动的一种大脑中或者教案文本上的"预演"。

学前儿童教育活动设计的超前性,要求教师应统筹兼顾、计划周详,充分考虑未来教学中的各种不确定因素和处理方法。

2. 差异性

学前儿童教育活动具有超前性,是一种教学提前行为,因此,学前儿童教育工作者的教学活动设计可能与活动实施存在差异性。

在学前儿童教育活动设计中,要想尽可能缩小教学设计与教学实际之间的差异,教师应在日常教学中积极进行教学总结,积累教学经验,了解学前儿童的身心发展规律和特点。

3. 创造性

教学是一个创造性的过程,教师的教学设计是一个智慧性的创造过程。

学前儿童教育活动设计旨在促进学前儿童教育活动的顺利开展,促进学前儿童在教学活动中更好地认识自己、掌握知识与技能,并获得相应的发展。

学前儿童教育活动设计要充分考虑教学过程中的各种影响因素,在教学设计中合理安排这些因素及其相互关系,以使教学设计更加科学、合理、符合师生教学需求。

二、学前儿童教育活动设计的目标

根据学前儿童教育活动的五大领域内容,学前儿童教育活动的设计应促进学前儿童在五大领域健康、全面发展,各领域的目标简单概括如下。

（一）健康领域目标

学前儿童教育的健康教育目标是保护幼儿的生命安全和身体健康,提高幼儿生活、生命质量。[①]

具体来说学前儿童教育活动的健康领域目标如下。

---

① 北京市教育委员会.北京市贯彻《幼儿园教育指导纲要(试行)》实施细则[M].北京:同心出版社,2006.

第三章 学前儿童教育活动设计的理论指引

（1）身体健康，情绪稳定、愉快。
（2）生活、卫生习惯良好，有基本的生活自理能力。
（3）知道必要的安全保健常识，学习保护自己。
（4）喜欢体育活动，动作协调灵活。

（二）语言领域目标

学前儿童语言领域教育旨在发展幼儿的语言理解能力、表达能力、阅读习惯，教育目标如下。
（1）乐于与人交谈，讲话自然、礼貌。
（2）会倾听，有一定的语言理解能力。
（3）敢于当众讲话，表达清楚。
（4）喜欢听故事、看图书，能基本理解内容，初步具有阅读和书写能力。
（5）学习和运用普通话。

（三）社会领域目标

学前儿童的社会教育旨在培养幼儿的社会性和自我概念，帮助幼儿规范个人行为、适应社会生活，具体目标如下。
（1）主动参与各项活动，有自信心。
（2）乐于与人交往，学习互助、合作和分享，有同情心。
（3）理解并遵守社会行为规则。
（4）做好力所能及的事，不怕困难，有责任感。
（5）尊老爱幼。
（6）有集体观念。
（7）爱家乡、爱祖国。
（8）初步了解社会常识。

（四）科学领域目标

学前儿童教育的科学教育旨在提高幼儿发现、探究、解决问题的能力，教学目标如下。
（1）有好奇心和求知欲。
（2）能运用各种感官，动手动脑，探究问题。
（3）能恰当表达、交流探索的过程和结果。
（4）能从生活和游戏中体验到教学的重要性和趣味性。
（5）爱护动植物，亲近自然，有初步的环保意识。

(五)艺术领域目标

学前儿童的艺术领域教育旨在培养幼儿审美能力、艺术表现力和创造能力,教育目标如下。

(1)感受并喜爱生活、环境和艺术中的美。
(2)积极参加艺术活动。
(3)能够大胆用艺术方式表现和创造美,表达情感和体验。
(4)具有参加艺术活动的良好习惯。

三、学前儿童教育活动设计的要素

学前儿童教育活动设计关系到具体的教育教学活动能否顺利实施,在整个教学设计中,教学目标、教学内容、教学方法、教学媒体、教学过程等共同构成了整个学前儿童教育教学设计系统,具体分析如下。

(一)教学目标设计

教学目标对教学活动有重要的指导作用,所有的教育教学活动安排都是为教学目标的实现服务的。学前幼儿教育教学目标有总目标和各种分目标(图3-1),分目标的实现是为总目标实现服务的。

1. 学前儿童教育活动目标设计内容

学前儿童教育活动目标设计包括以下内容。
(1)对达成教师"教的目标"的"教的活动"的设计。
(2)对学前儿童达成"学的目标"的"学的活动"的设计。
(3)对一节课、一单元或者一个学期的幼儿教育发展目标的设计。
(4)教学目标应具体、明确,具有可操作性。

2. 学前儿童教育活动目标设计原则

学前儿童教育活动目标设计原则具体如下。
(1)科学性原则

教学目标设计也应遵循教学规律、教学特点等,应建立在科学学科理论基础上进行教学设计。

(2)系统性原则

系统论是教学设计的核心理论基础,在教学设计过程中,必须重视教学系统各子系统的有机结合。教学目标是由若干个具体目标组成的完整

第三章 学前儿童教育活动设计的理论指引

系统,具体目标之间纵横有序,层次分明,教学设计应注意正确处理各教学目标之间的关系,为实现教学总目标服务。

（3）准确性原则

教学目标的描述应是准确的,应能正确表述目标内容。

（4）灵活性原则

教学目标的设计只是一种构想,而教学实际情况是复杂多变的,教学目标具有多元化特点,教学设计者应根据幼儿教学总目标、结合幼儿园教学实际情况灵活编制。

（5）发展性原则

教学目标的设计既要着眼于现有教学实际,又要放眼未来,能为学前儿童进入下一阶段的学习奠定基础,有利于促进每一个幼儿的健康发展。

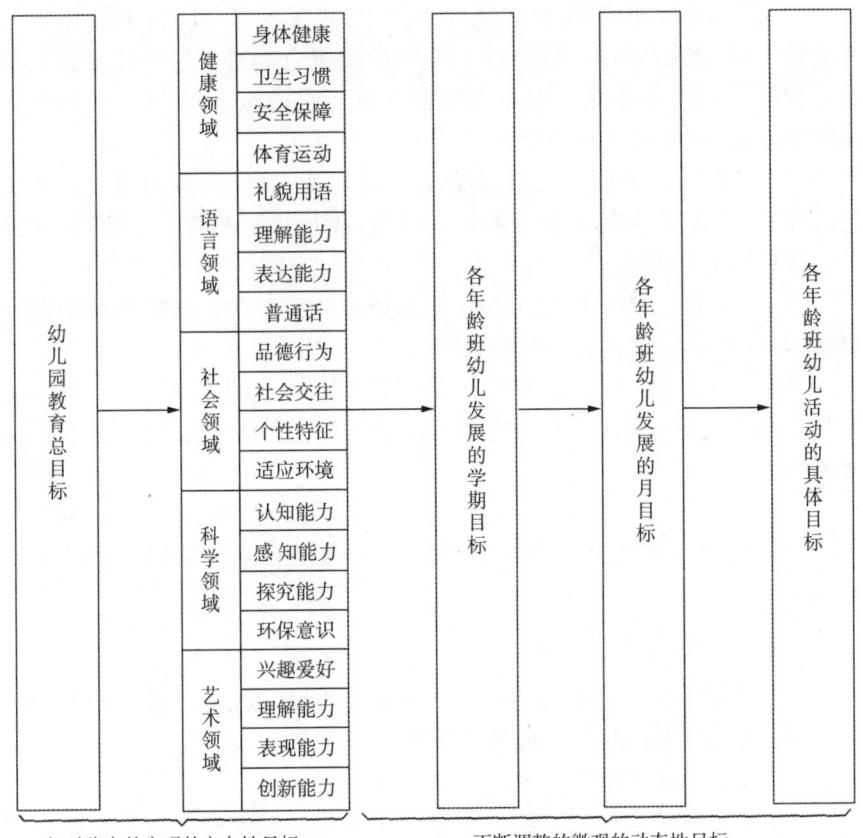

图3-1 学前幼儿教育教学目标

（二）教学策略设计

教学策略，具体是指教师为有效地完成特定的教学目标而采取的教学组织形式、教学方法、教学手段等因素的总体思路。作为教学设计重要环节的教学策略，其主要目的是解决教学中"如何教"和"如何学"的问题。

1. 教学策略的特点

（1）指向性。教学策略的指向性和教学目标的方向指导具有相似的作用，教学策略是为了解决现实的教学问题，是指如何指导学生掌握一定的教学内容，实现预定的教学目标。

（2）综合性。在学校教学设计过程中，相关的教学方法和技术以及方法技术操作的具体要求，会以一定的形式组合起来。这一特征强调的是学校教学策略不是某一单方面的教学方式或措施，而是某一范畴内具体教学方式、措施的优化组合。

（3）多样性。多样性是教学策略的基本特点之一，教学策略只有实现多样化，才能适应复杂多变的教学过程，满足特定的教学需要，从而促进教学目标的达成。

（4）调控性。教学策略的调控性是指教师对教学过程的及时把握和调整，表现了学校教学活动的动态性。

（5）可操作性。幼儿园教学策略都是针对幼儿园教学目标的每一具体要求而制定的，并且具有与之相对应的方法、技术与实施程序，它必须是可操作的。

（6）灵活性。在教学中，因为不存在对所有情况都适用的教学策略，所以应该针对不同的教学目标、教学对象、教学环境等采取不同的教学策略。

2. 教学策略设计的依据

和教学目标的设计依据相似，教学策略的设计也需要考虑和教学相关的诸多要素，这有助于实现教学策略设计的科学性，具体来说，教学策略的设计依据主要包括以下几个方面。

（1）幼儿园教学目标。教学策略可以为教师制定课堂教学策略提供一个大的方向，教学策略是完成特定幼儿园教学目标的方式，应符合教学目标的要求。

（2）学习和教学理论。教学策略的设计不能与教师的教学理论和幼儿的学习理论相违背，否则就是不科学的教学策略，应及时予以调整。

第三章　学前儿童教育活动设计的理论指引

（3）教学内容。内容决定方式，教学策略就是完成幼儿园教学内容的方式。

（4）教师的条件。教师是教学策略的执行者，教学策略的设计应充分考虑教师的执行能力，有效但教师不能驾驭的教学策略是不可取的。

（5）教学对象的特点。不同的学前儿童之间存在差异，教学策略的设计应充分考虑到这点。

（6）教学的客观条件。教学策略受各种条件制约，制定幼儿园教学策略要充分考虑各种客观条件。

3. 教学策略设计的原则

（1）动机性原则。教学策略在教学实践中的应用应能让幼儿产生学习动机。动机是幼儿进行学习的最根本动力，教学策略的设计应调动幼儿的学习兴趣和积极性，使幼儿产生学习的欲望，增强其学习的内驱力。

（2）准备性原则。教学策略要能使幼儿在学习中获得成功，为其进一步的学习奠定基础。新知识的学习需要旧知识做基础，新的学习任务的完成必须建立在掌握一定知识技能的基础上。

（3）方向性原则。教学策略的设计应明确阐述教学目标，并尽量展示出幼儿在学习结束后所应产生或完成的行为表现（事例），使幼儿对需要掌握的知识技能有学习的方向性。

（4）指导性原则。教学策略的设计应该具有一定的指导作用，但幼儿具备一定的学习基础后应适当减少这种指导性，避免幼儿过分依赖教师。

（5）操作性原则。教学策略设计的内容应逻辑清晰、层次分明，使幼儿园教学内容的层次与幼儿的学习程序有机结合起来，以便于教师在实践中的应用。鉴于幼儿教学的特殊性，教学策略应能保证幼儿重复练习，教学策略的设计应该注重不断练习新学的知识和技能。

（6）差异性原则。受多种因素影响，每一个幼儿都是区别于其他幼儿的特殊个体，因此教学应注重幼儿的个体差异，考虑不同幼儿的差异性。

4. 教学策略设计的步骤

第一步：确定教学的顺序。教学的顺序是指教学过程进行的前后次序，包括教学内容呈现顺序、教师活动顺序、幼儿活动顺序三方面内容。

第二步：设计教学组织形式。教学组织形式是教师与幼儿为实现教学目标所采用的各种方式，它是幼儿园教学目标和教学内容得以实现的保证。科学地确定幼儿园教学组织形式,有助于提高幼儿的学习质量、发展幼儿的个性和培养幼儿的情感。

第三步:选择教学方法。教师在选择教学方法时,应充分考虑具体的教学目标和任务,教材内容的性质和特点,幼儿的实际情况,教师自身条件,教学条件等。

(三)教学内容设计

学前儿童教育活动内容是丰富多彩的,教师对具体教学内容的设计应符合我国教育部颁发实施的《3～6岁儿童学习与发展指南》的具体教学要求,在教学内容上应尽量选择学前儿童感兴趣的、能够接受和理解的教学内容。

(四)教学方法设计

教学方法,是"教法"与"学法"的统称。

1. 教法

教法是教学过程中教师层面的教授方法,也是本书所指的教学方法,可以具体理解为教师的授课方法。教法类教学方法包括基本知识的教法和运动技能的教法。

学前儿童技能发展方面的教法应用特点如下。

(1)教师应明确教学的具体目标。

(2)充分考虑与教学体系中其他要素如教学内容的关系,结合教学内容分析。

(3)结合实际教学情况,充分发挥教学方法灵活多变的特点,随机应变,灵活处理。

学前儿童的心理和思想教育方面的教法应用应达成如下教学效果。

(1)促进幼儿形成良好的意志品质。

(2)促进幼儿个性意识的发展。

(3)促使幼儿形成正确的价值观念和审美观。

(4)培养幼儿的协作意识。

(5)培养幼儿的探索性和创造性思维。

2. 学练法

学法是教学过程中,教师为促进幼儿的学习而指导幼儿进行学习的方法。

第三章 学前儿童教育活动设计的理论指引

练法是幼儿的运动训练方法,是实现教学目的的重要方法和途径,指导幼儿进行体育锻炼的方法是教学中最具本质特征的方法。

在学前儿童教育教学中,教师对教学方法的具体选择和运用,可以直接影响到幼儿在教学活动中的参与积极性和参与程度。教师应结合教学目标、教学内容以及幼儿的特点来选择与之相适应的教学方法。

（五）教学媒体设计

教学媒体,也称教育媒体,是教学的辅助性物质基础设施(图3-2),在学前儿童教育活动中,丰富多彩、合理的教学媒体选择,能够促使学前儿童更好地认识、理解教学内容。

一般来说,根据学前儿童的生长发育和认知特点,学前儿童教育教学活动中,应选择比较直观、能生动形象再现教学内容的教学物体,如挂图、照片、投影、录音以及标本、实物或实物模型等。

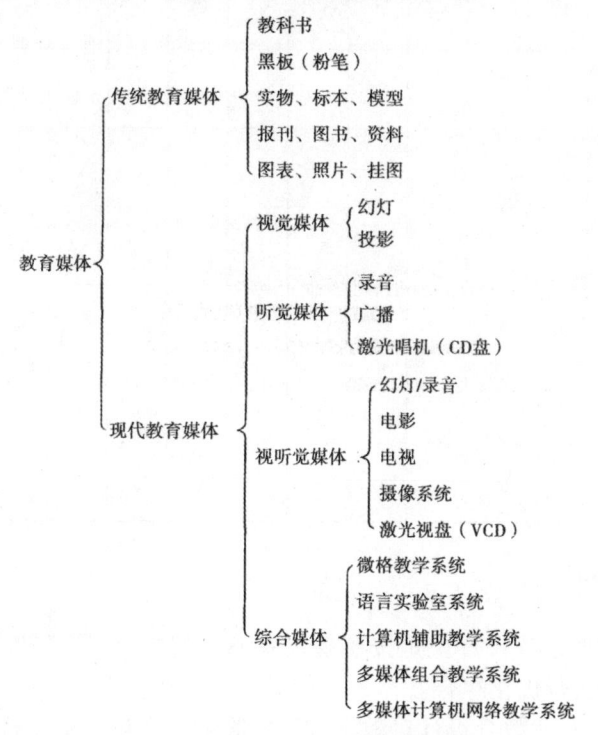

```
教育媒体
├─ 传统教育媒体
│   ├─ 教科书
│   ├─ 黑板（粉笔）
│   ├─ 实物、标本、模型
│   ├─ 报刊、图书、资料
│   └─ 图表、照片、挂图
└─ 现代教育媒体
    ├─ 视觉媒体
    │   ├─ 幻灯
    │   └─ 投影
    ├─ 听觉媒体
    │   ├─ 录音
    │   ├─ 广播
    │   └─ 激光唱机（CD盘）
    ├─ 视听觉媒体
    │   ├─ 幻灯/录音
    │   ├─ 电影
    │   ├─ 电视
    │   ├─ 摄像系统
    │   └─ 激光视盘（VCD）
    └─ 综合媒体
        ├─ 微格教学系统
        ├─ 语言实验室系统
        ├─ 计算机辅助教学系统
        ├─ 多媒体组合教学系统
        └─ 多媒体计算机网络教学系统
```

图3-2 教学媒体的构成

鉴于学前儿童的身心发育特点,为了更生动形象地开展幼儿教育教学活动,幼儿园的教学媒体应以视听媒体为主。视听教学媒体包括视觉教学媒体和听觉教学媒体两大类,二者充分利用教学活动过程中师生不同的感官传递教学信息,在教学中各有优势(表 3-2)。

表 3-2　视听教学媒体比较

教学性	媒体种类	教科书	板书	模型	广播	录音	幻灯	电影	电视	录像	计算机	投影仪
表现力	空间特性	√		√			√	√	√	√	√	√
	时间特性	√	√		√	√		√	√	√	√	√
	运动特性							√	√	√	√	√
重现力	即时重现		√				√			√	√	
	延时重现	√		√		√				√		
接触面	无限接触	√							√			
	有限接触		√	√			√	√		√	√	√
参与性	情感参与					√		√	√	√	√	√
	行为参与	√	√	√			√				√	√
受控性	容易控制	√	√	√		√	√			√	√	√
	难以控制				√			√	√			

(六)教学过程设计

学前儿童教育过程设计就是按照现代系统论的观点,把学前儿童教育各环节的设计进行优化组合。

一般地,学前儿童教育设计对教学过程的表述是通过特定流程图(表3-3)的形式进行的,以使整个教学过程(教学活动各部分及其之间的关系)更形象直观。

第三章 学前儿童教育活动设计的理论指引

表 3-3 教学过程流程图符号

符号	意义
▭	教师的活动
⬭	媒体的应用
▱	幼儿的活动
→	过程开展方向
◇	教师逻辑判断

学前儿童各个领域发展的教学活动过程设计各不相同,从教学活动程序上来讲,以学前儿童的身体健康教育活动设计为例,具体的教学活动过程可以分为三类,示范性、练习性和探索性,具体教学活动过程安排如图 3-3 所示。

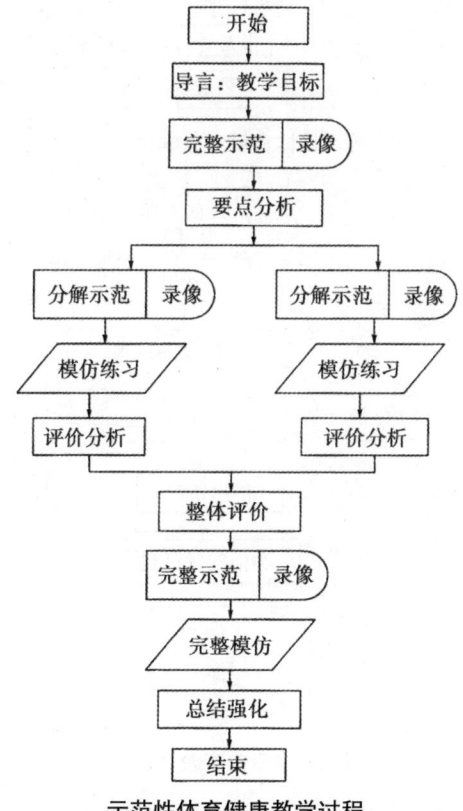

```
开始
 ↓
导言：教学目标
 ↓
完整示范 — 录像
 ↓
要点分析
 ↓         ↓
分解示范—录像   分解示范—录像
 ↓         ↓
模仿练习     模仿练习
 ↓         ↓
评价分析     评价分析
 ↓         ↓
   整体评价
     ↓
   完整示范 — 录像
     ↓
   完整模仿
     ↓
   总结强化
     ↓
   结束
```

示范性体育健康教学过程

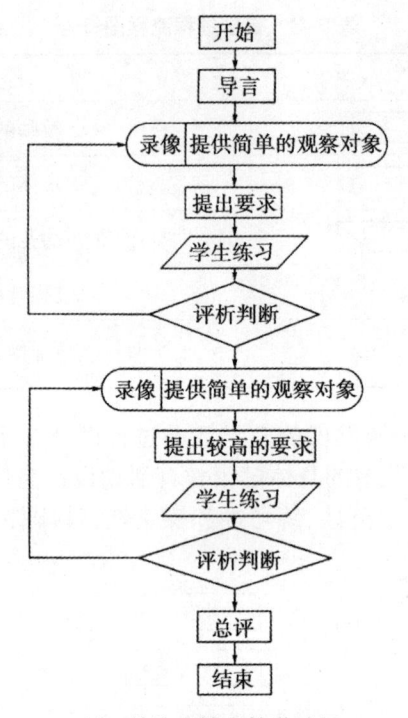

```
                开始
                 ↓
                导言
                 ↓
    ┌──→ 录像│提供简单的观察对象
    │            ↓
    │          提出要求
    │            ↓
    │          学生练习
    │            ↓
    └────── 评析判断
                 ↓
    ┌──→ 录像│提供简单的观察对象
    │            ↓
    │         提出较高的要求
    │            ↓
    │          学生练习
    │            ↓
    └────── 评析判断
                 ↓
                总评
                 ↓
                结束
```

练习性体育健康教学过程

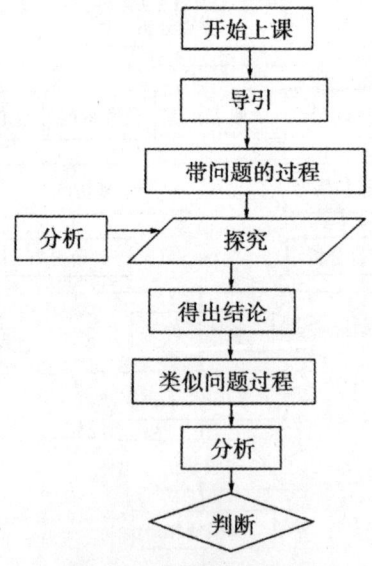

```
              开始上课
                 ↓
                导引
                 ↓
              带问题的过程
                 ↓
        分析 →  探究
                 ↓
              得出结论
                 ↓
              类似问题过程
                 ↓
                分析
                 ↓
                判断
```

探究性体育健康教学过程

图 3-3　学前儿童身体健康教育过程设计

（七）教学评价设计

教学评价是一种价值判断，同样以学前儿童的身体健康教育活动为例，其主要的评价对象是体育教师的教学和幼儿的体育学习，包括对体育教师"教"的能力、态度和效果的评价，也包括对幼儿"学"的能力、态度和效果的评价。教学评价既重视对过程的评价也重视对结果的评价。

现代教学评价的对象为整个教学系统，它具体包括评价者和被评价者以及教学过程。结合教学过程中所涉及的人（教师和学生）和活动（教师的教和学生的学），我们可以对教学评价进行纵轴和横轴的划分，如图3-4所示。

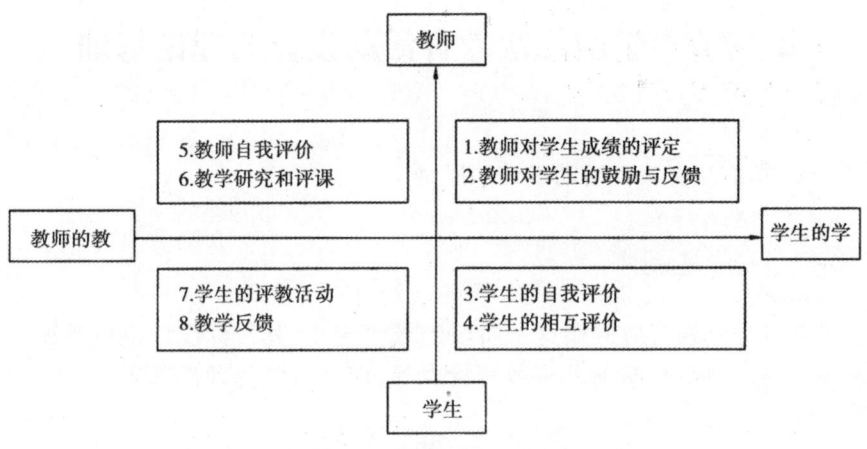

图 3-4 教学评价的划分

这里重点对学前儿童学习层面的教学效果评价进行分析。主要有如下几种形式。

1. 教师评价

（1）教师对幼儿学习效果的评价

教师对幼儿学习效果的评价包括课堂、学期、学年等评价形式，具体评价内容包括幼儿的学习表现、知识掌握、身体素质和创新、思维能力提高水平等。

（2）教师对幼儿学习过程的评价

教师对幼儿学习过程的评价具有直接、具体、及时和针对性强的特点，能充分体现教学的动态性和幼儿在体育学习过程中的进步与发展，是一种及时性的评价，有助于幼儿在家长的帮助下，结合教师的反馈信息随时调整与改进学习方案。

2. 幼儿自评

幼儿自评，具体是指幼儿对自身学习情况的一种综合性评价，它有助于提高幼儿学习中的"自省"能力，帮助幼儿学会主动发现问题、分析问题和解决问题。幼儿自评是对教师评价幼儿的一种有益补充。

3. 幼儿互评

幼儿之间相互评价，可以起到"同伴的镜子"的特殊作用，有助于幼儿之间的相互了解、交往与交流，并增强幼儿的团队意识；有利于教师更加全面地了解每一个幼儿。

第三节 学前儿童教育活动设计的理论基础

一、学前儿童教育活动设计的原则

（一）科学性原则

学前儿童教育应遵循这一阶段的教育规律，其目标设计也应遵循体育规律、教学规律、学前儿童教育特点等，应在科学的理论基础上进行教学设计。

（二）兴趣性原则

学前儿童教育活动设计是为满足教学目标服务的，教学目标的实现需要学前儿童在教学活动中积极参与，因此教学活动设计应能吸引学前儿童的参与兴趣，否则教学设计的有效性就会大打折扣。

在学前儿童教育活动设计中，教师应注重学前儿童学习兴趣的激发，通过合理的教学安排充分发挥学前儿童的学习积极性，让他们有更多的参与机会，在充分的教学活动中掌握所学知识。

（三）灵活性原则

学前儿童教育活动设计只是一种构想，教学活动在实际执行中复杂多变，教师应根据实际情况灵活设计教学内容、方法，使教育活动具有一定的弹性，在实际活动实施过程中可灵活调控。

第三章 学前儿童教育活动设计的理论指引

(四)启发性原则

开展学前儿童教育活动最终目的在于促进学前儿童的身心健康全面发展,通过教学设计,不断完善教学过程与效果,使学前儿童对需要掌握的知识技能有学习的方向性。

在整个学前儿童教育活动中,教师引导学前儿童不断认识新事物、掌握新的知识与技能、方法,使学前儿童养成学习、探索、创造的习惯。

(五)发展性原则

学前儿童教育目标的设计既要着眼于现有学前儿童教育活动教学实际,又要放眼未来,能为学前儿童进入下一阶段的学习奠定基础,有利于促进学前儿童的成长发展。

二、学前儿童教育活动内容设计

(一)健康领域的教学活动内容

幼儿园健康教育内容分为两大内容、九个方面,两大内容是健康安全知识和身体锻炼。九个方面具体如下。

1. 健康的情绪

小班:高高兴兴来园。
中班:合理宣泄情绪。
大班:学会调节情绪。

2. 卫生习惯培养

小班:
(1)掌握正确的盥洗方法。
(2)掌握正确的坐、站姿。
(3)掌握穿脱衣服的方法。
(4)知道使用自己的毛巾、水杯和牙刷。
(5)学习如厕的方法。
中班:
(1)学习自理大小便。
(2)学习整理衣服。

（3）正确擤鼻涕、打喷嚏。

大班：

学会根据天气情况主动增减衣物。

3. 认识和保护身体

小班：

（1）认识身体外部器官及其用途。

（2）身体不舒服时能告诉成人。

（3）能配合医务人员接种疫苗。

中班：

（1）认识身体的主要器官和主要功能。

（2）懂得预防接种的重要性。

大班：

（1）认识身体的器官及其功能和保护方法。

（2）了解预防龋齿和换牙的常识。

4. 营养健康

小班：

（1）养成喝白开水的好习惯。

（2）养成吃健康食物的好习惯。

（3）学习使用勺子。

中班：

（1）认识常见食物。

（2）养成健康的饮食习惯，不挑食、不贪食。

（3）学习使用筷子。

大班：

（1）知道食物多样性对健康的重要性。

（2）知道有些食品不适合幼儿吃，有些食品不宜多吃。

（3）不吃过期、腐烂食品。

5. 安全保护

小班：

（1）不能用手揉眼睛，不能把异物放入耳、鼻、口中。

（2）不跟陌生人走。

（3）不做危险的事。

中班：

（1）了解交通安全。

（2）知道父母的姓名、电话、家庭住址。

（3）知道走失应寻求警察或工作人员的帮助。

（4）认识常见的交通标志。

大班：

（1）掌握交通安全常识，遵守交通规则。

（2）掌握危险情况的自救常识和方法。

6.适应能力

小班：

（1）适应幼儿园生活。

（2）适应在户外活动。

中班：

适应身边的新变化，如班中更换新老师。

大班：

较快适应新环境、新变化。

7.身体素质练习

身体素质练习内容详见表3-4。

表3-4 身体素质练习内容

项目	小班	中班	大班
走跑	1.自然走、跑 2.指定方向走、跑 3.快跑15米 4.四散追逐跑 5.依次地走、走成大圈 6.能行走1千米左右（途中可停歇）	1.变速走、跑 2.在一定范围内四散追逐跑 3.上下肢协调走、跑 4.快跑20米 5.连续行走1.5千米左右(途中可停歇)	1.绕曲线走和跑 2.快跑25米 3.平稳走荡桥 4.连续行走1.5千米以上（途中可停歇）
跳	1.双脚向前跳、向上跳 2.从25厘米高度跳下 3.单脚连续向前跳2米左右	1.双脚前跳 2.从25厘米高度跳下 3.40厘米助跑跨跳 4.立定跳远30厘米 5.单脚连续向前跳5米左右	1.连续纵跳触物 2.从35厘米高度跳下，平稳落地 3.50厘米助跑跨跳 4.连续跳绳 5.单脚连续跳8米左右

续表

项目	小班	中班	大班
投	1. 单手投沙包2米左右 2. 向上、前、后抛球	1. 肩上投沙包4米左右 2. 独自抛接球和互抛互接球	1. 朝向标志物肩上投掷5米左右 2. 连续拍球
衡	1. 沿地面直线走 2. 双脚灵活交替上下楼梯 3. 能身体平稳地双脚连跳	在低矮物体上平稳走一段距离	能在斜坡、荡桥和有一定间隔的物体上较平稳地行走
钻爬	1. 手脚协调向前爬 2. 钻过高度为65~70厘米的障碍物	1. 在攀登架上爬上爬下 2. 钻过高度为60厘米的障碍物 3. 匍匐、膝盖悬空等多种方式钻爬	1. 在攀登架、网上协调地爬上爬下 2. 侧身钻过高度为50厘米的障碍物
力量	单杠悬垂10秒左右	单杠悬垂15秒左右	单杠悬垂20秒左右

8. 操节练习

小班：小动物模仿操。

中班：

（1）集合、分散。

（2）听音乐做操。

大班：

（1）变化队形、列队整齐。

（2）跟随音乐、节奏做操。

9. 基本运动技能练习

小班：

（1）拍球。

（2）使用多种小型运动器材游戏。

中班：

（1）大型运动器械。

（2）骑三轮车和带辅轮的自行车。

大班：

（1）连续跳绳。

（2）踢球。

(二)语言领域的教学活动内容

1. 欣赏文学作品

(1)学习与理解文学作品,如看懂图后能理解图的意思。

(2)仿编文学作品,如仿编语句。

(3)创编文学作品,如编故事。

2. 讲述活动

(1)看图讲述(故事、事件)。

(2)对几张图片进行顺序排列,再进行情节描述。

(2)看实物讲述(性质、形状、颜色及与之相关的事件)。

3. 语言游戏

要求幼儿能够按照规则完成游戏,通过"玩游戏"达到学前教育的目标。

4. 早期阅读

(1)培养幼儿喜欢读书的情感。

(2)培养幼儿阅读图书的方法。

(3)培养幼儿对文字、图片和符号的理解能力。

(4)培养幼儿良好的阅读习惯。

(三)社会领域的教学活动内容

1. 发展幼儿自我意识的教学内容

小班:

(1)认识自己身体主要部位的基本特征和功能。

(2)知道自己是幼儿园的小朋友。

(3)初步培养自控能力。

中班:

(1)了解自己与他人的不同。

(2)了解自己的情绪。

大班:

(1)学习表达和控制情绪。

(2)学习控制自己的行为。

2. 促进幼儿人际交往的教学内容

小班：

(1) 认识同伴与成人，了解他们与自己的关系。

(2) 学会分享。

(3) 学会使用简单的礼貌用语。

(4) 学会选择喜欢的游戏和玩具。

中班：

(1) 了解他人的情绪，关心他人。

(2) 控制行为，不伤害他人。

(3) 掌握并运用常用礼貌用语。

(4) 尝试合作、解决冲突。

(5) 尝试有难度的活动和任务。

(6) 知道父母的职业，体谅父母的辛苦。

大班：

(1) 关心、照顾他人。

(2) 学会表达喜欢和爱。

(3) 学会合作、解决矛盾的方法。

(4) 学会控制情绪，合理表达情绪。

(5) 能坚持自我看法并说出理由。

3. 加强幼儿社会学习的教学内容

小班：

(1) 适应幼儿园的活动。

(2) 了解基本的交通规则。

(3) 了解家庭成员的组成情况。

(4) 爱护玩具和物品。

(5) 不随意拿他人物品，知道东西要归还。

中班：

(1) 遵守交通规则和公共卫生规则。

(2) 感知祖国文化，爱家乡。

(3) 了解生活中常见机构的名称和功能。

(4) 了解各类职业的名称和特点。

(5) 知道说谎是不对的。

大班：

(1) 理解规则的意义，遵守规则。

（2）对世界文化感兴趣。
（3）了解祖国文化，爱祖国。
（4）勇于认错，不说谎。
（5）爱护环境，节约资源。

（四）科学领域的教学活动内容

1. 数学教育活动

小班：
（1）感知、配对、指认几何图形。
（2）量的感知。能区别大小、长短、高矮。
（3）空间感知。能明确以自身为中心的上下方位。
（4）集合的感知。初步了解事物特征，能按特征进行物品分类。
（5）数概念。可点数5以内物体及按数取物。
（6）时间感知。理解早晨、晚上、白天、黑夜。

中班：
（1）感知几何图形，理解图形的基本特征、图形关系。
（2）量的感知。对5个以上物体进行正逆排序，认识与了解不同物体的宽窄、粗细、厚薄和轻重等量特征。
（3）空间感知。感知体验上下、前后方位。
（4）集合的感知。按某一物体量（如轻重）的差异进行分类。
（5）模式。能够进行 ABAB、ABCABC、ABBABB 模式的复制、辨认、扩展和创造。
（6）数概念。理解相邻数；10以内数字的实际意义；点数10以内物体；数量守恒；序数。
（7）时间感知。理解昨天、今天、明天；感知体验时间与速度的关系。

大班：
（1）感知几何图形。能正确命名立体图形。
（2）量的感知。理解量的守恒、相对性、传递性、双重性、测量方法；10个物体按照某一物体量正逆排序。
（3）空间感知。感知辨别左右。
（4）集合的感知。按物体特征分类；理解类与子类的关系。
（5）模式。能够辨认、扩展和创造 ABACABAC、AABBAABB 等复杂模式。
（6）数概念。学习按群计数、顺接数、倒数、倒接数；10以内数的分解组成。

（7）10以内的加减。

（8）时间感知。认识钟表、日历、时间顺序和周期性。

2. 科学教育活动

（1）自然现象

①物理：声、光、电、温度……

②化学：溶解、酸碱平衡……

③生物：微生物、动物、人类……

④自然：季节、自然灾害、植物……

（2）自然界事物关系

①人类与动物、植物、微生物之间的关系。

②动物与动物、植物与植物、微生物与微生物之间的关系。

③知道关心、爱护动植物。

（3）科技产品

在教学活动中,选择贴近幼儿生活、符合时代要求的交通工具、通信工具、科学技术等,使幼儿了解这些科技产品对人类生活的影响。

（4）人体

让幼儿了解自己、从五官的感知到身体各个脏器的功能,学会爱护自己的身体。

（五）艺术领域的教学活动内容

1. 音乐活动

（1）歌唱,歌曲要符合学前儿童认知特点,内容健康活泼、贴近幼儿生活。

（2）音乐游戏,引导幼儿根据音乐的结构、节奏特征开展规则游戏。

（3）音乐欣赏,使幼儿通过欣赏名曲来感受大师对生活的理解,感知音乐不同的速度、力度和情绪。

（4）打击乐,使幼儿感受音乐的节奏,学习简单的演奏常识。

（5）律动,学习用律动的方式表现音乐,能根据音乐做一些动作和舞蹈动作组合。

2. 美术活动

（1）绘画,通过使用多种绘画材料使幼儿对绘画活动更加感兴趣,并鼓励幼儿通过自己喜欢的绘画形式和内容来表达。

第三章　学前儿童教育活动设计的理论指引

（2）手工，通过制作手工作品锻炼幼儿的手眼协调能力、想象力、创造力。

三、学前儿童教育活动方法设计

（一）操作法

前苏联教育家苏霍姆林斯基指出"儿童的智慧在他的手指尖上"，儿童的智力发展需要其切身去体验和感悟世界。没有物质的操作活动，儿童不能实现智力运算，因此，在学前教育过程中，操作法是一种非常有效的帮助儿童掌握知识与技能的方法。

操作法符合学前儿童好奇、好动和求知欲强的特点，有利于激发他们的学习兴趣，有利于提高他们的自我学习和自我教育能力。

（二）临床法

临床法指教育者参与到学前儿童的活动中，及时指导和帮助他们完成学习活动的方法。[①]

学前儿童的身心处于生长发育中，各个方面发育尚不健全，在参与各类活动中会遇到各种各样的困难，需要成人的指导和帮助。如科学小实验的演示、游戏动作的示范等。因此，在学前儿童教育活动中，采取临床教学法是非常必要的。

（三）言语法

言语法是指教师以语言传授知识、指导学前儿童参与教学活动，是学前教育中非常常用的教学方法。

言语教学法能促进学前儿童主动思考，有助于促进学前儿童的思维发展，该教学方法具体包括讲述、讲解、谈话和评价等方式。

（四）游戏法

游戏是学前儿童最喜欢的活动，寓教于乐是学前儿童教育教学的重要方法和教学要求。一方面，在学前时期，幼儿的高级神经活动不平衡，

[①] 陈思睿，蒋尊容，赵俊.学前教育活动设计与实施[M].成都：西南交通大学出版社，2015.

兴奋强于抑制,易疲劳,游戏作为一种有动作、有材料的多变活动,能缓解儿童身心疲乏,符合儿童身心发展特点。另一方面,游戏中,学前儿童的身心都处于积极状态,学习过程是充满愉悦感的,有利于促进学前儿童的身心健康发展。

四、学前儿童教育活动过程设计

(一)健康活动过程

基本健康常识的教学活动设计如下。
(1)情境引入环节:故事、音乐、视频等。
(2)解决活动重点、难点:通过图片、视频等呈现知识。
(3)游戏环节:巩固认知经验。
(4)总结:经验的总结和提升。
根据幼儿生理发展特点和运动特点,体育活动教学流程如下。
(1)身体准备阶段。
(2)体育游戏阶段。
(3)放松恢复阶段。

(二)语言活动过程

1. 文学欣赏活动设计

(1)感受文学作品。
(2)尝试理解作品。
(3)迁移作品经验。
(4)文学作品再创造。

2. 谈话活动设计

(1)创设谈话环境,激发兴趣。
(2)围绕话题畅谈,自由表达。
(3)围绕中心话题,拓展交谈。
(4)师幼分享总结,学会表达。

3. 语言游戏活动设计

(1)创设游戏情境,激发兴趣。
(2)交代游戏规则,明确玩法。

（3）教师指导游戏。

（4）儿童自主游戏。

（5）变化游戏规则自主游戏。

4. 早期阅读活动设计

（1）共同阅读图书。

（2）围绕重点内容阅读并理解内容。

（3）总结与归纳阅读内容。

(三) 社会活动过程

1. 发展幼儿自我意识的教学活动过程设计

（1）借助实物及情景表演和游戏等引入活动。

（2）提出问题，幼儿思考与讨论。

（3）深入主题，鼓励幼儿操作和实践。

（4）总结归纳。

2. 促进幼儿人际交往的教学活动过程设计

（1）分享经验或故事引入活动。

（2）幼儿讨论。

（3）通过游戏进行体验。

（4）评价总结。

3. 加强幼儿对社会学习经验的教学活动设计

（1）以直观、形象、具体的方式引入活动。

（2）围绕主题进行讨论。

（3）再现情景，加深理解。

（4）总结提升。

(四) 科学活动过程

1. 科学活动

（1）知识型科学活动

①发现问题。

②提出问题。

③解决问题。

④生活运用。

（2）探究型科学活动

①提出探究的问题。

②猜想并记录。

③观察与实验设计。

④进行实验,记录结果。

⑤分析结果,形成观点。

⑥分享与交流。

⑦联系生活提出新问题。

2. 教学活动

在设计教学活动内容时,应遵循学前幼儿认知学习的规律特点和学科的学习规律。具体教学活动设计经验需要教师在教学活动中不断探索、获得。

（五）艺术活动过程

1. 美术活动

（1）绘画活动

①创设情境,激发兴趣。

②观察物体,感知物体特征。

③分析讨论,解决重难点。

④幼儿绘画,教师个别指导。

⑤作品分享与评价。

（2）手工活动

①引入环节,了解材料。

②提出制作要求,合理运用材料。

③幼儿尝试制作,教师个别指导。

④作品分享与展示。

（3）美术欣赏活动

①引入环节,激发兴趣。

②观赏作品,畅谈感受。

③教师总结提升。

④延伸活动,临摹或创新美术作品。

2.音乐活动

（1）歌唱活动

①听音乐,创造情境。

②发声练习。

③教师范唱,幼儿欣赏。

④熟悉歌词,掌握歌曲节奏。

⑤幼儿学唱歌曲。

⑥结束活动。

（2）音乐欣赏活动

①引入环节:听音乐。

②聆听音乐,感知音乐。

③聆听音乐,分析音乐。

④聆听音乐,表现音乐。

⑤结束活动。

（3）音乐游戏活动

①引入环节:听音乐。

②感知音乐,用动作表现音乐。

③听音乐做游戏。

④结束活动。

（4）打击乐活动

①引入活动。

②感知音乐节奏性。

③尝试按照动作图谱为音乐配乐。

④按照乐器图谱为音乐配乐。

⑤交换乐器,练习配乐。

⑥活动结束。

（5）律动活动

①聆听音乐,感知音乐。

②学习律动的游戏规则。

③律动游戏。

第四章 学前儿童教育活动设计的实践指导

教育教学活动设计的最终目的是有计划地开展教学活动,学前儿童教育活动设计完成之后应用到实践活动中去接受检验,以确保教学设计的真正科学、有效。本章重点就学前儿童教学活动设计的具体教学实践应用与操作进行研究,以期为幼儿教师提供教学实践指导依据。

第一节 学前儿童教育活动计划的制订

一、学前儿童教育活动计划的制订要求

(一)做好学情分析

学前儿童教育工作者制订教育活动计划,应与作为教学对象的学前儿童的身心发展需求和特点相符,因此在所有的教学活动计划制订之前,一定要做好学情分析。

学前儿童教学活动计划的学情分析应尽量全面,具体应包括如下基本内容分析。

(1)幼儿发展现状的分析。
(2)上一学期活动内容及幼儿表现分析。
(3)家长情况分析。
(4)对环境和材料等的分析。
(5)教师自身现状分析。
(6)从五大领域全面分析幼儿的表现与发展。
(7)分析数据应详细、客观。

第四章 学前儿童教育活动设计的实践指导

（二）体现《国家中长期教育改革和发展规划纲要》精神

在学前儿童教育活动中，教师的教学活动组织应符合《国家中长期教育改革和发展规划纲要》的要求，在幼儿教育教学理念指导下，落实素质教育，具体教学活动的安排应能切实促进幼儿的身心健康、全面发展。

（三）符合幼儿特点

符合幼儿特点是学前儿童教育活动计划制订中必须重点考虑和强调的要求。这里所说的幼儿特点，包括幼儿的生理特点、心理特点和社会性发展特点，在此基础上制订的教学计划才能符合幼儿当下和未来发展的需求，才是最为科学合理的教学活动计划。

（四）内容应丰富多样

在学前儿童教育计划的制订中，教学活动内容应丰富多彩，以满足幼儿的好奇心和求知欲。以下各个方面的内容都可以列入学前幼儿教学计划。
（1）健康、语言、社会、科学、艺术五大领域的教育内容。
（2）家长活动计划。
（3）大型活动安排。
（4）教师的研究专题。
（5）环境创设的思考。
（6）预设的主题等。

（五）注重可行性

教学计划的制订是为教学计划的实施做准备的，教学计划应具有可行性，应充分结合本地区的区域环境特点、学校的教学条件、季节特点、教师教学水平、可利用的教学资源等实际情况来进行。否则，教学计划制订后因为各种原因不能执行，就只能成为一种书面文字，不能发挥任何教育教学作用。

（六）坚持发展创新性

学前儿童教育活动计划的制订应具有发展创新性，具体要求如下。
（1）学前儿童教育活动计划应符合幼儿教育改革发展形势。

（2）学前儿童教育活动计划应符合新时期的教育教学理念。

（3）学前儿童教育活动计划应能促进学前儿童的健康全面发展。

（4）学前儿童教育活动计划应能促进学前教育工作者的专业能力和教学能力发展，并促进教学相长。

（5）学前儿童教育活动计划的内容、方法、课程模式等应具有创新性，体现出时代特征。

二、学前儿童教育活动计划类型

（一）学期活动计划

学前儿童教育的学期计划是每个学期前，学前教育工作者（主要是一线教师）根据本学期全园学期教育计划，按照教育教学大纲对本班级的教学内容与活动的教学工作安排。通过制订学期计划，可使本班保教人员明确任务要求，协调配合，保证教育任务的顺利完成。

在教育活动计划的制订过程中，教师应组织本班全体保教人员共同分析讨论、统一认识，在此基础上制订教育教学计划。

班级学期活动计划往往是分阶段实施的，要使学期活动计划落到实处，就需要根据时间序列中出现的特定事件或主要活动（如入园、离园、节日安排、时令特点、意外事件、系列组合等）及常规要求，制定阶段活动计划。

班级学期活动计划大致包括以下内容。

（1）本班情况分析，如人数、男女比例、幼儿智力水平、身体状况、个性特征等。

（2）本班幼儿在五大领域的教育发展要求。

（3）班级个别幼儿的教育要求。

（4）教材内容的确定。

（5）完成学期教育任务的具体措施。

（6）家长工作的内容要求和联系方式。

（二）月活动计划

学前幼儿教育的班级月活动计划是各年龄班教师开展月教育工作的依据，主要围绕本月的关键事件、中心课题和成长要求制订，月教育活动计划应密切结合本班幼儿的实际情况和季节特点制订。

学前幼儿教育班级月活动的活动计划应包括以下内容。

第四章 学前儿童教育活动设计的实践指导

（1）上月幼儿发展情况分析。
（2）本月的教学目标。
（3）本月常规工作及重点。
（4）本月主要教育活动内容。
（5）环境的创设。
（6）家园工作等。

需要特别指出的是，教师在制订学前儿童教育的月计划时不能只考虑目标，或简单列出准备开展的活动内容，还要考虑实施途径，月教育活动计划一般由有经验的教师参与制订（表4-1）。

表4-1 某幼儿园中班的2019年9月活动计划[①]

日期：	班级：中班		执教老师：	
上月情况分析	（略）		本月工作重点	升班教育与节日活动
	月目标		教学活动	
目标与内容	1. 增强"升班了""长大了"的意识，懂得爱护小弟弟、小妹妹。学习自己定规则，遵守新常规	健康领域	操舞 "走小路"系列活动 玩圈、跳圈 "小工人切西瓜" 值日生 夹物练习	
	2. 参与9月节日活动，了解中国民俗文化 3. 喜欢做值日，分发玩具、餐具、自己洗脸、刷牙	语言发展	倾听：猜猜我是谁 语言游戏：传话 儿歌：悄悄话 听故事 猜谜游戏 语言游戏：打电话	
	4. 根据物体特征比较、分类、排序 5. 耐心倾听，口齿清楚地表达，语句的理解 6. 动作模仿，有节奏的动作学练 7. 喜欢音乐、美术，练习涂色，理解节奏	社会发展	"我升班了" 送礼物 "你别哭" 月亮的故事 天安门 国旗国徽 自己定规则	
		科学领域	科学：愉快的郊游；秋天收获多 数学：大小、长短、高矮排序 分类游戏	
		艺术领域	音乐：听音乐走路	

[①] 刘敏，万中.幼儿园教育活动的组织与实施[M].成都：四川大学出版社，2011.

续表

月目标	教学活动
	节奏游戏 美术： 秋季水果 面部表情 节日的气球 国旗 纸编手工
环境材料	1. 班级布置环境变化，给幼儿新鲜感"我升班了" 2. 庆祝国庆节，设置"我爱国旗"展览 3. 认知区：准备不同特性（大小、高矮、长短等）等的实物教具 4. 美工区：提供笔、纸、安全剪刀、胶棒等工具 5. 音乐区：选择节奏鲜明的乐曲 6. 自然角：结合幼儿特点营造秋季收获的气氛
日常生活	1. 教师鼓励幼儿做力所能及的事 2. 建立"值日生"制度 3. 与幼儿商讨制订游戏、教学活动规则 4. 要求幼儿认真习练、擦手、抹油 5. 积极创造条件，让幼儿参加郊游活动
家长工作	1. 在家庭中启发增强"我长大了"的意识，与幼儿交谈 2. 启发幼儿主动向家长谈自己的幼儿园生活
本月小结	（略）

（三）周活动计划

学前儿童教育周计划是根据班级月教育活动制订的周教育活动计划，一般在前一周完成教学活动设计，并由园长审批通过后在下一周执行。

在学前儿童教育活动中，与学期活动计划、月活动计划相比，周活动计划是一种比较详细具体的活动计划。

学前儿童教育周计划应在分析上周情况的基础上，根据本月的教学目标转化为各项活动的安排，周计划当中的各项活动安排内容要全面，各项内容开展要循序渐进。周教育活动计划的主要内容如下。

（1）周生活活动指导要点。

（2）活动区的材料设置与指导。

第四章 学前儿童教育活动设计的实践指导

（3）教学活动安排。
（4）户外与游戏活动的指导。
（5）家园工作的要点等。
（6）某幼儿园周活动计划。

表4-2、表4-3是两种不同风格的学前幼儿教育周活动计划表。

表4-2 某幼儿园第四周活动计划[①]

班级：××班						执教：×××、×××	
时间：2019年3月1日—2019年3月5日							
内容	星期	一	二	三	四	五	家长工作
学习活动	上午	社会：我的妈妈真能干	故事：蓝色的树	数学：送动物回家	语言游戏：猜动物	妈妈的节日	1.协助完成全家福及幼儿个人照片收集 2.引导幼儿了解初春环境变化
	下午	数学：实物分类	歌曲：好妈妈	剪贴：周围的苹果	歌舞表演：好妈妈	手工：给妈妈的礼物	
户外活动	上午	感统觉训练：跳羊角球	投掷：给动物喂食	感统觉训练：旋转	纵跳触物：摘果	手眼协调：拍皮球	早操指导重点 1.乐于参加早操锻炼 2.熟悉早操动作及规则要求
	下午	平衡游戏：过桥	四散跑游戏：狼来了	抛接球	爬行游戏：乌龟找家	感统训练：布袋跳	
	观察与指导： 1.重点观察幼儿在球类活动中的兴趣点 2.引导幼儿倾听游戏要求,建立规则意识						
生活活动	上午	结构游戏餐前：讲故事	生活活动餐前：欣赏英语VCD	美工游戏餐前：蔬菜中的营养	区角游戏餐前：猜猜我是谁	生活活动餐前：听故事	材料投放与环境创设

① 刘敏,万中.幼儿园教育活动的组织与实施[M].成都：四川大学出版社,2011.

续表

内容	星期	一	二	三	四	五	家长工作
生活活动	下午	娱乐游戏餐前：阅读活动	创游餐前：智力游戏	结构游戏餐前：游戏评价	散步餐前：音乐欣赏	创游餐前：夸夸自己	1. 投放户外活动自制材料 2. 全家福布置在主题墙上
	观察重点	观察重点： 1. 游戏中重点观察幼儿能否按要求取放玩具 2. 出现争抢玩具情况时幼儿表现的态度及运用的语言					
	指导重点	晨间：鼓励个别幼儿大胆开口向老师问好 生活环节： 1. 进餐保持安静，知道不能大声说话 2. 引导幼儿不站在床上穿脱衣服，逐步建立幼儿的安全意识 离园：稳定幼儿情绪，检查自己的衣物整理情况					

表4-3 某幼儿园大班周计划表①

班级：××班	执教：×××、×××
时间：2019年3月1日—2019年3月5日	
生活活动	指导幼儿进餐时不得将筷子放在嘴里或手中玩，不用筷子相互打闹
活动区活动	建构区：指导幼儿有序建构 棋类区：指导幼儿学习中国象棋的基本下法 美工区：指导幼儿练习有情节绘画
活动安排	1. 诗歌：让座 2. 手工：蝴蝶 3. 音乐游戏：种葫芦 4. 数学：练习5以内数的组成 5. 小型建构活动
户外活动	目标： 1. 发展平衡能力 2. 练习跳过障碍 3. 发展拍球行进能力 活动：拍球前进、跳过山沟、运球

① 张琳. 幼儿园教学活动设计与实践[M]. 北京：高等教育出版社，2010.

第四章 学前儿童教育活动设计的实践指导

续表

教学重点	1. 感受季节特征 2. 提高幼儿跑跳能力
个别教育	1. ××× 幼儿情绪不稳,需要多与之交谈 2. ××× 不爱喝水,需经常提醒 3.……
家长工作	家长带幼儿外出,感受季节变化与季节特征

(四)日活动计划

学前教育的日活动计划是在确定了周教育活动计划的基础上制订的。一天中的幼儿活动,应丰富有趣,且能增长幼儿的各种知识,活动的目标应指向幼儿的发展,促进幼儿的进步与成长。

具体来说,幼儿教学的一日活动计划安排应符合幼儿的身心发展特点,内容丰富,形式多样,动静交替,具有层次性(表4-4)。

表4-4 某幼儿园大班一日活动计划

项目、时间	内容与要求
入园活动 7:30—7:40	1. 热情问候,简单交流 2. 鼓励幼儿自主入班
早操 7:40—8:00	教师带领幼儿做操,指导幼儿动作
早餐 8:00—8:30	1. 盥洗 2. 进餐 3. 保持整洁,节约粮食 4. 饭后漱口、擦嘴 5. 值日生帮助整理
活动区游戏 8:30—8:55	开放区域:美工区、科学区、表演区、语言区等 教师观察幼儿活动,教学指导,通过不同教学区的活动组织促进幼儿各方面素质的发展
教学活动前准备 8:55—9:00	1. 如厕:不推挤,按序如厕 2. 喝水:鼓励幼儿随渴随喝

续表

项目、时间	内容与要求
教学活动 9:00—9:30	活动名称：××××× (一)活动目标 1.××××××××××××× 2.××××××××××××× 3.××××××××××××× …… (二)活动准备 1.经验准备 2.材料准备 (三)活动过程 1.××××××××××××× 2.××××××××××××× 3.××××××××××××× …… (四)活动延伸 1.××××××××××××× 2.××××××××××××× 3.××××××××××××× ……
过渡环节 (9:40—10:00)	1.如厕 2.喝水 3.外出服装及鞋的检查、自查
户外活动 10:00—11:00	1.身体准备活动 2.不同运动区域：跳跃区、钻爬区、沙水区等 鼓励、指导幼儿积极参与游戏(累了知道休息一会儿)
午餐前活动 (11:00—11:30)	教师结合幼儿需要组织幼儿进行建构、折纸、朗诵、倾听、谈话等活动
午餐 (11:30—12:00)	要求同早餐
散步 (12:00—12:30)	1.按顺序行走,可播放轻音乐 2.边走边观察
午睡 (12:30—14:30)	1.有序脱衣服并折叠整齐 2.午检：观测幼儿体温及有无带小玩具进入寝室 3.午睡：指导幼儿安静入睡,教师巡视
起床 (14:30—15:00)	1.午检：观测体温 2.穿衣服：按序穿衣；整理床铺 3.短发女孩学会自己梳理头发
午点、户外活动、晚餐	同前

续表

项目、时间	内容与要求
离园 （17：00—17：30）	1. 指导幼儿整理仪表服装，整理带好物品 2. 稳定情绪 3. 与幼儿和家长道别、简单交流

第二节　学前儿童教育活动的组织实施

一、学前儿童一般教育活动的组织实施

（一）教学操作材料的提前准备

在开展教学活动之前，教师应明确教学活动中可能会用到的教学材料，并结合幼儿的需要提前准备好，还需要检查教学材料中是否存在对幼儿的安全有威胁的材料，如木质教学工具上是否有毛刺，户外活动的场地上是否有小石子，教学教具是否存在可能对幼儿造成伤害的隐患等。

需要特别指出的一点是，幼儿的发育情况不同，在教学活动中可能会需要教师有针对性地发放教学材料。例如，在"剪面条"的活动中，教师应对本班幼儿的动手能力（手部小肌肉的发育情况）有所了解，对于一些控制肌肉能力强的幼儿，可以直接发放安全剪刀和白纸，让幼儿自己完成"剪面条"的任务；对于一些操作能力较弱的幼儿，教师可以提供画好直线的纸张，为幼儿的操作提供帮助；而对一些还不能很好地控制剪刀的幼儿，则需要教师去辅助幼儿完成"剪面条"任务。

在材料的准备和发放中，发放时机也值得思考，发放材料过早容易分散幼儿的注意力，发放过晚幼儿等待时间较长，可能影响幼儿的耐心，并且导致幼儿没有足够的时间去操作。

（二）根据教学计划实施教学活动

根据已经制订好的学前儿童教育活动计划，对计划中的时间、活动内容、材料准备等进行进一步的确定，以便更好地为教学活动的开展做准备。

无论是何种内容与形式的教学内容，都应经历以下几个活动过程。

（1）教学引入：根据幼儿的特点创设教学情境，引入活动内容，激发幼儿的学习和参与兴趣。

（2）解决重点难点：整个教学活动中的关键环节。

（3）结束：教师进行教学总结，提升幼儿的理解与认知，评价幼儿的表现，并指出需要改进的地方和改进的方式方法。

在教学活动的组织开展与实施过程中，应注意实际的教学活动开展过程中与既定的教学活动计划中所不符的内容，及时对教学活动计划进行调整，以便更有序、有效地促进教学活动开展。此外，由于幼儿性情活泼，教学活动中存在各种不确定性，在教学中可能会出现许多在备课中没有准备的情况，需要教师随机"生成"一些教学内容，这就要求教师在日常教学活动中应注意教学经验的积累。

（三）面向全体，照顾个别

学前幼儿的教育活动组织与开展绝大多数是群体性的，教师的教学活动组织应面向全体幼儿，但是由于不同幼儿之间存在个体差异，因此，在具体的教学活动实施过程中，教师应在充分考虑大多数幼儿的兴趣、能力特点的基础上，照顾个别幼儿的实际情况，促进每一个幼儿的身心健康发展。

二、学前儿童主题教育活动的组织实施

"主题教育活动"，指在或长或短的一段时间内，围绕事先选择的主题组织教育活动，旨在打破学科界限，围绕选定主题，有机加强各种知识之间的横向联系，它更多代表了一种教育价值取向。①

主题教育活动是学前儿童教育经常采用的教学活动，通过主题教育活动的组织与实施，更有针对性地促进学前儿童各方面素质的综合发展。

（一）主题教育活动的设计

1. 确立主题

确定活动主题，有助于更好地实现教育教学目标，在确定主题的过程中，教师应充分考虑以下问题。

---

① 刘敏，万中.幼儿园教育活动的组织与实施[M].成都：四川大学出版社，2011.

第四章　学前儿童教育活动设计的实践指导

（1）主题是否为幼儿所喜欢。
（2）主题是否符合幼儿的兴趣和需要。
（3）主题的教育价值。
（4）主题的教育内容。
（5）主题的教育目标。
（6）主题可能会引起哪方面知识的学习,需要具备哪些基础知识。
（7）主题是否具有可行性。
（8）主题与其他主题之间的关系。

2. 构建网络

主题网络的建立是幼儿主题教育活动中非常重要的环节,是对主题的一种有意识规划、细化和解析,也是教育理念的一种显现。

主题网络结合不同的课程特色和需求表现出不同的特点,但是不同课程的主题网络具有一定的共性,即它们都是围绕一个中心,因课程类型而异。课程主题线索具有辐射性,从核心出发,向四周辐射,线索的稠密与核心的性质相关。

在主题网络构建过程中,教师应首先寻找主题核心,再根据经验选择教学内容,厘清展开线索及展开方式(图4-1、图4-2）。

3. 把握进程

明确主题和构建教育活动的整体网络框架之后,教师应结合具体的教学主体与教学活动,对各项教学活动在教学实际过程中的开展进行有序的组织,把握好不同教学活动内容的进程,合理安排各项活动的开展形式与时间,制订切实可行的计划,要根据实际情况灵活调整,积极引导不同教学活动中教师与幼儿之间的和谐互动,把握好主题的进程(导入—过程—结束),使整个主题活动有序开展。

（二）主题教育活动的实施要求

1. 与"一日生活"有机结合

幼儿园的主题教育活动应与幼儿的日常生活密切结合在一起,充分做到"在生活中学习,在游戏中学习,在活动中学习",只有这样,才能促进幼儿知识的良好吸收并在日常生活中灵活运用,这种沉浸到幼儿日常生活,但同时又突出主题教育的教学活动能帮助幼儿总结和提升认识。

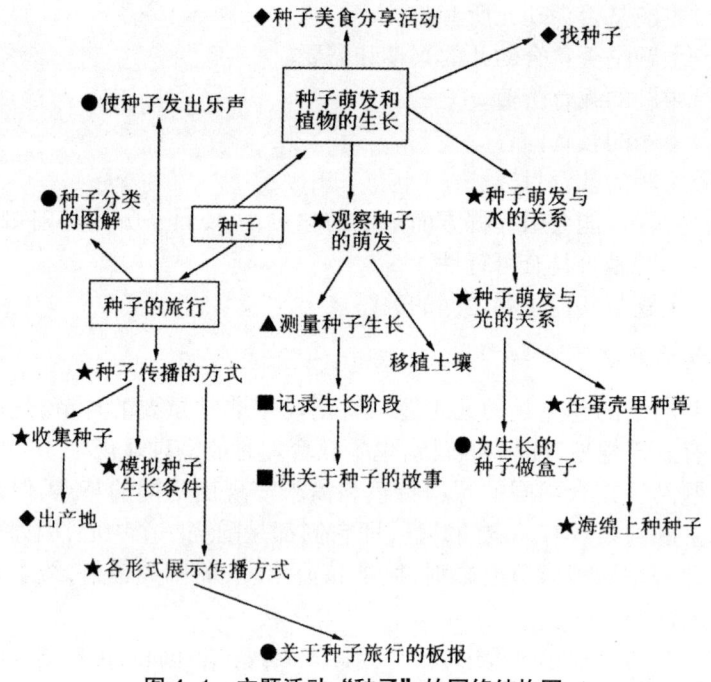

图 4-1 主题活动"种子"的网络结构图

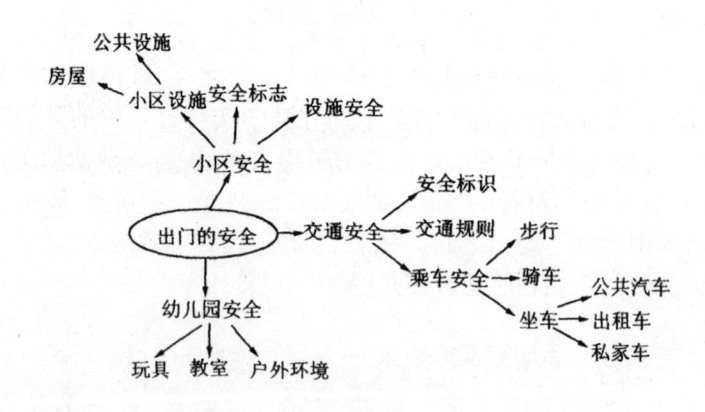

图 4-2 "出门的安全"的内容设计

2. 按主题需要创设环境

教学环境是指在教学过程中教师为促进学生的知识学习和学习任务的完成而创造的教学氛围和教学条件。

教学环境对教学过程、教学氛围等有重要的影响,对于学前幼儿教育来说,良好的教学环境有助于幼儿更好地进入到学习状态中,更能集中注意力在教师的指导下完成活动任务。因此,重视幼儿教育的教学环境创设是十分必要和重要的。

学前儿童教育的主题教育活动是围绕主题教育目标和内容要求而逐步展开的,环境是教学活动的重要组成部分。幼儿园的环境对幼儿涵养养成有一定的作用,很多时候,教师的教学环境创设是否合理、是否能吸引幼儿的学习注意,可能直接影响教学活动的顺利开展和教学目标的顺利达成。

一般地,一个主题教育活动的环境支持有两种基本情况,一种是利用已有的环境烘托,另一种是根据主题刻意创设。教师创设良好的教学环境,应根据主题来源、主题发展等多方面因素,生动形象地将幼儿引入到具体教学活动中。

3. 引入社会环境作为资源

联合国教科文组织调查研究认为,儿童年龄越小,受家长的影响越大。《幼儿园教育指导纲要(试行)》也明确提出:"家庭是幼儿园重要的合作伙伴。"因此,对幼儿的教育不能仅仅依靠幼儿园,应充分综合各种教育资源,幼儿园教育、家庭教育、社会教育三者并举,共同为促进学前儿童健康全面发展创造良好条件。

第三节　学前儿童教育活动设计的评价

一、教学评价概述

(一)教学评价种类

按照不同的分类标准,教学评价可分成不同的种类,具体分类参考表4-5。

表4-5　教学评价分类

分类标准	教学评价类型	
评价基准	绝对评价	判断是否能达到预期目标,不评价水平
	相对评价	判断个体在群体中所处的位置(成绩的优劣)
	个体评价	对个体的过去、现在或不同侧面做纵横比较

续表

分类标准		教学评价类型
评价内容	过程评价	对达到教学目标的方法和手段进行评价
	结果评价	对教学活动实施后的效果进行评价
评价方法	定性评价	进行"质"的分析,做出定性描述
	定量评价	进行"量"的分析,做出定量结论的评价
评价功能	诊断性评价	在教学活动开展前进行,对学生情况进行摸底,判断学生是否具有可实现教学目标的条件
	形成性评价	教学过程中,为达到更好的效果而不断进行的评价
	总结性评价	教学活动结束后,教师从整体教学出发,对教学内容和效果进行评价
评价目的	选拔性评价	综合性选拔性评价
	甄别性评价	判断个体在群体中的位置和个体的特殊能力水平
	发展性评价	发现优点,有针对性的鼓励性评价
评价者		教师评价、学生评价、校领导评价、家长评价、学者评价等

(二)教学评价要素

1. 评价目的

教学评价体系是一个多对象、多因素的复杂系统,针对不同对象的评价,具有不同的目的。评价目的是评价的依据,是评价活动的出发点。评价目的的科学分析与选择是构建科学教学评价体系的重要环节。在开始系统的教学评价之前,必须对评价目的有一个准确、具体的描述。

2. 评价对象

评价对象是教学评价体系的重要构成要素之一,没有评价对象的评价体系显然是不完整的。

在学前儿童的教学评价体系中,被评价对象的确定受教学客观规律的制约,具体来说,学前儿童的教学评价只能选择教学活动中的一个或多个对象,绝对"全面"的评价是不可能的,学前儿童的教学评价不可能一次涉及教学活动中的所有要素和各个方面。

3. 评价主体

评价主体是指参与教学评价的人或机构。确认评价主体实际上是解决参与评价人员的地位问题。

在学前儿童的教学评价中,评价主体是与教学相关的专家、学者、管理人员,或教学活动的参与者(教师与学生),评价主体应该熟悉评价内容,具有一定的评价知识与衡量技巧,有责任心。

4. 评价内容(指标体系)

评价内容是教学评价体系中的重点和热点研究问题,是当前完善教学评价体系迫切需要解决的问题。

教学反应时代发展要求和社会发展需要,学前儿童教学评价内容的确立应充分考虑上述两个方面。

5. 评价方法

教学评价方法包括教育评价和心理测量的所有方法,它具有层次性,可进行多角度分类并根据实际评价需要进行选择。评价方法选择的合理与否直接影响评价效果。

6. 评价管理

评价管理包括与评价有关的各种政策、条例和制度,对评价主体、评价过程具有思想教育和规范作用。

完善的教学评价体系中,明确、规范、有效的评价管理有助于充分调动各种评价因素,促进评价工作的顺利开展与实施。

(三)教学评价原则

1. 客观性原则

教学评价应在科学评价理论的指导下,充分结合我国教学现状进行,构建过程中应具有客观性,真正做到评价方法、评价内容、评价者等要素的真实、客观、有效。

人是教学评价的主体,人的思想和行为受到主观臆断或受个人感情的影响,因此,所做出的评价具有很强的个人色彩和主观性。科学有效的学前儿童教学评价结论必然是不以人的主观臆想为基础的,评价必须做到客观性。

2. 科学性原则

学前儿童的教学评价体系无论是在内容上,还是各个部分的比例分配上,都应当科学合理。

不科学的学前儿童教学评价不仅没有评价的必要和意义,还会造成评价过程中人力、物力、财力等各种资源的浪费。而只有科学性的评价才是有意义的评价,才能为教学的改进、师生的发展提供有价值的信息。

学前儿童的教学评价要做到科学性,应从以下几个方面入手。

(1)以科学为依据,保证评价目标、标准的科学化。

(2)避免经验和直觉干扰,做到评价方法、程序的科学化。

(3)评价包括"教"与"学"两个方面,这两个方面的评价必须做到有机结合与统一,并充分体现教学目标与基本要求,在此基础上展开评价。

(4)评价方法应科学,评价者应掌握和灵活使用最新的、最能充分统计和概括评价结果的统计方法与测量手段,以获得真实有效的资料与数据信息。

(5)科学选用评价工具,评价工具的选择应符合学前儿童的教学评价要求,具有可操作性。

3. 全面性原则

学前儿童的教学评价应全面,否则就不能真实反映教学活动的整体效果。因此,全面性原则是学前儿童教学评价非常重要的基本原则。

教学系统复杂,教学的目标、任务、过程是多元的、多样的、动态的,这就要求学前儿童的教学评价必须要具有全面性,能全面展示教学这一个复杂的、综合性的体系和过程。

在学前儿童的教学评价中遵循全面性原则,具体应做到以下几点。

(1)坚持多角度、全方位的评价。

(2)评价应辨析主次,区分轻重,抓住主要矛盾,将重点放在主要环节与主导因素上。

(3)综合运用多种评价方法。

4. 导向性原则

教学评价体系要能够指导教学工作发展方向并能促进教学活动开展,使教学工作得到及时改正和提高。简言之,就是评价应有利于评价者发现问题,促进教学改革。

对于学前儿童教育教学工作者来说,对幼儿的教学效果方面的评价并非最终目的,改进才是评价的最终归宿。教学评价过程中,应把评价和指导有机结合起来,要使评价者全面了解评价对象和评价内容。

遵循教学评价的指导性原则要求如下。

(1)在掌握一定数量的与教学评价相关资料基础上进行评价,避免缺乏根据的随意评价。

(2)及时反馈教学评价信息,评价结果要描述准确,指导方向要明确。

(3)评价结果应具有启发性,能给予教师思考与发挥的空间,有利于

第四章 学前儿童教育活动设计的实践指导

促进学前儿童的教学完善与发展。

二、学前儿童教育活动设计评价类型

(一)教师自评

教师作为一线教育工作者,对教育活动设计的执行效果最为了解,再加上教师有丰富的教学经验,对学前幼儿的身心发展特征和需求有深入的认识,是学前儿童教育活动设计的最佳评价主体。教师对学前幼儿学习效果的评价包括日教学评价、周教学评价、月教学评价、学期教学评价,以及每次教学活动中的教学评价。教师应时刻关注学前幼儿在教学活动中的参与态度、情绪变化与品德行为等各个方面的变化,及时地对幼儿的言行做出正确引导,必要时及时与家长沟通,了解幼儿的身心发展需求,并在教学中反思教学活动中哪些部分、哪些环境是幼儿不喜欢的,需要改进的。

(二)学生评价

学前儿童由于认知的局限性,在日常生活与学习中对自己各种行为的认知判断存在不足,但是这并不能说明学前幼儿不能对自己的言行做出评价。学前幼儿,尤其是大班的幼儿已经能明白日常生活中哪种言行是正确的、哪些言行是不当和错误的,并具有相当强的自尊心和自信心,教师可以通过与学前幼儿的谈话及其他互动,来了解学前幼儿对自己在教学活动中的表现做出的判断。

对于教师而言,在教学活动中,教师通过对幼儿的观察,也能了解到幼儿对自己所设计和组织开展的教学活动做出间接的判断,如教学活动中稍显混乱,教学中幼儿的注意力不集中、幼儿不能很清楚地了解教师的游戏规则等,都说明教师的教学活动设计存在不足,需要进一步改进。

(三)同行互评

为了使学前儿童教育活动设计更加科学完善,促进学前教育工作者之间的相互交流与沟通,同一个幼儿园的教师或者其他幼儿园的教师,可以通过相互听课的形式,学习经验、反思不足,对授课教师的教学活动做出评价,促进彼此的进步与成长。

在同行评价中,同样作为一线教师,抓住教学活动设计中的特殊环节和"点",更能够充分理解其"用心良苦"之处,对于一些不当环节可能会更加清楚问题的症结所在,因此,教师之间的互评也是尤为重要的。

教师在邀请其他教师对自己的教学活动设计做出评价时,可以事先发放听课记录表,以便于听课教师随堂观察并及时做出教学评价(表4-6)。

表4-6 听课记录表

班级		教师	
教学目标:			
教学内容:			
幼儿参与记录:			
评课建议:		修改建议:	

(四)家长评价

学前儿童的教育需要幼儿园、家庭、社会的全面参与,"家园共育"是现代科学的幼儿园教育的科学教育理念。

目前,在我国很多幼儿园,都会定期开展家长观摩课,将家长请到幼儿园观摩教师的教学活动组织与幼儿在教学活动中的表现,这样,幼儿的家长可以直观地观看到教师的教学活动开展情况。教师在观摩课之后应积极与幼儿家长进行沟通,了解教学活动设计中有哪些环节的设计是家长不理解的、哪些教学环节的设计存在不妥之处,通过与家长沟通,能获得来自家长角度的对教学活动设计的更全面评价,还能对幼儿在教学活动中的表现进行全面解读,有助于教师在以后更好地进行教学活动设计与教学活动组织。

三、学前儿童教育活动设计评价内容

(一)结合幼儿发展水平的评价

当前,对学前儿童教育活动设计的评价内容具体结合教学活动中幼儿在五大领域的发展,来评判教学活动的效果以及有哪些值得肯定和需要改进的地方。

为了使教学活动设计的评价更具有操作性,评价多结合评价表进行,以使评价过程更加高效,适时对照评价表中的记录,便于评价者进行更有

第四章　学前儿童教育活动设计的实践指导

针对性的评价。表4-7至表4-9是学前儿童教学活动中结合幼儿健康、语言、社会方面表现与发展水平的教学活动设计评价表。

表4-7　学前儿童身体与运动评价内容

一级指标	二级指标	具体说明
身体生长	生长发育形态	身高；体重；胸围；头围；坐高；上臂围等
	生长发育生理功能	脉搏；血压；握力等
	疾病或缺陷	有无龋齿、斜视、弱视、脊柱弯曲等
运动发展	大肌肉运动	跑：自然跑；障碍跑；冲刺跑。跳：跳远、跳深、单脚站立拍球、左右手交替拍球
	小肌肉运动	描线；剪；折纸；穿珠子
创造性运动	运动节奏	和着乐器节拍同步动作 根据固定或变化的音乐同步动作
	表现力	根据音乐作出不同的动作 用动作表现自我感受

表4-8　学前儿童认知与语言的评价内容

一级指标	二级指标	具体说明
感知能力	空间	知道空间名称及意义 理解物体空间位置变化
	时间	有时间概念 会使用时间单位 了解季节名称及季节变化
	形状	识别形状；能辨别生活中的各种形状
思维能力	比较与分类	比较事物异同 能根据事物特征进行分类
	推理	根据图形特征或关系进行推理 提出"如果……会怎样"假设类问题
	数概念与运算能力	理解数的实际意义 掌握数的组成 会借助物体计数 有运算规则意识 会合理估算
	观察	用不同的感官观察物体 注意事物的特征与变化 模仿动作或声音

续表

一级指标	二级指标	具体说明
探索能力	好奇	喜欢提问；尝试不同方式体验事物
	想象	根据事物联想 借助图画、音乐或动作表达
	动手	拆卸；拼装
语言发展	倾听	耐心倾听他人讲话并理解
	表达	能用语言讲述事件、表达情感
	对话	围绕一个话题与人交流
	描述	复述或讲述故事或事件

表4-9 学前儿童社会性与情感的评价内容

一级指标	二级指标	具体说明
自我意识	自我认识	了解自己（身份、兴趣、爱好） 了解家庭和幼儿园大致情况
	自我体验	欣赏自己；寻求肯定评价 喜欢挑战自己，如带头做事情、选择有难度的活动 愿意发表观点
情绪情感	爱心和同情心	关心家人；帮助同伴
	责任感	活动结束后收拾整理物品；爱惜物品
	集体感	喜欢参加集体活动；关心活动（比赛）结果
人际交往	交往态度	愿意与老师交流 主动与同伴交往 与他人交往时使用礼貌用语
	交往行为	愿意与同伴一起完成任务 能接受老师或同伴的建议 愿意分享自己的意见，受到同伴们反对时能作出让步
守规约行	规则意识	有轮流和等待意识；遵守游戏规则
	自我调控	主动选择活动并专注于活动 掌握基本生活自理能力 被禁止的事情能控制不做

（二）结合教师工作水平的评价

幼儿园教师的工作本质上是一种专业活动，应遵循一定的规范，但因教学活动是一种开放性的活动，因此又应充满灵活性、创造性和开放性，

第四章 学前儿童教育活动设计的实践指导

这在一定程度上增加了教育教学活动(及其设计)评价的难度。

结合教师工作水平的教学活动设计评价是全方面的,不仅要关注教学活动中的教育教学组织情况,还应该对教师在教育保育中的行为表现与绩效进行全面、客观、公正的价值判断。因此,开展教学活动(及其设计)评价,需要收集有关教师素质、工作表现等方面的信息(表4-10、表4-11),并进行综合分析、整理,最终对幼儿园教师在教育保育活动中的行为做出价值判断。

表4-10 关于教师素质评价的指标

一级指标	二级指标
职业道德	1. 对孩子有爱心
	2. 能和儿童进行有效的沟通
	3. 能从幼儿角度考虑问题
	4. 有责任心、工作主动积极
专业技能	1. 有独立组织教育教学能力
	2. 能与家长建立积极有效的联系
专业知识	1. 知识丰富实用
自我更新	1. 善于向他人学习
	2. 工作中能经常尝试新的方法

表4-11 教师教学活动设计落实与活动组织的评价[①]

评价对象	评价指标	评价内容
教师	目标定位	1. 目标明确,符合幼儿发展需要 2. 目标内容完整
教师	教学内容	1. 贴近幼儿生活,幼儿感兴趣 2. 符合幼儿年龄特点 3. 具有科学性、实用性
	材料准备	1. 材料恰当,符合教育活动目标 2. 材料完善,幼儿有切实的操作机会
	过程实施	1. 完整、思路清晰 2. 教学环节层层递进 3. 教学容量适宜 4. 教学过程动静结合,符合幼儿特点 5. 以游戏为主,兼有操作探索

---

① 夏婧. 学前儿童教育学[M]. 北京:清华大学出版社,2016.

续表

评价对象	评价指标	评价内容
	师幼互动	1. 教师亲切和蔼,语言生动活泼,有感染力 2. 关注幼儿的表现和反应,指导及时 3. 能够充分运用环境与材料 4. 幼幼互动和师幼互动好 5. 面向全体、关注个别
幼儿	参与活动情况	1. 对教学内容感兴趣 2. 乐于参与教学活动 3. 愿意与教师或同伴合作 4. 愿意表达想法、感受
	幼儿作品情况	1. 能够获得自信与成功感 2. 能够描述自己的作品
媒体	运用适宜性	1. 合理运用媒体,无过度使用媒体情况 2. 媒体与教学整合适宜

第五章　学前儿童健康教育活动设计探究

健康教育是学前儿童教育的重要内容,是学前儿童教育最基础层面的教育。学前儿童健康教育应从幼儿身心健康发展、生活习惯与生活能力、安全防护等方面入手。学前儿童健康教育活动设计应在正确的健康观念指导下进行,教师的教学活动设计的出发点和落脚点都应该与学前儿童健康发展目标紧密结合,针对不同年龄阶段儿童,科学设计不同的健康教育活动。

第一节　学前儿童健康教育概述

一、学前儿童身体健康教育的目标与内容

(一)学前儿童身体健康教育的目标

1. 学前儿童身体健康教育的总目标

《幼儿园教育指导纲要(试行)》中指出,我国幼儿园健康领域的总目标包括以下几方面。

(1)身体健康,在集体生活中情绪安定、愉快。
(2)生活、卫生习惯良好,可生活自理。
(3)知道必要的安全保健常识,学习保护自己。
(4)喜欢参加体育活动,动作协调、灵活。

2. 学前儿童不同年龄阶段的身体健康教育目标

(1)小班
①了解身体外形结构。
②了解五官的功能。

③了解自己的视力和听力。
④乐于接受预防接种和疾病治疗。
⑤了解治疗疾病的简单知识,不怕打针和吃药。
⑥了解用药安全常识。
(2)中班
①进一步认识身体器官及其功能。
②了解保护五官的知识。
③了解视力、听力的发展。
④知道防病治病的重要性,生病后主动配合医护人员治疗。
⑤学习常见外伤的简单处理。
(3)大班
①认识身体器官的功能及其保护方法。
②进一步了解五官的结构功能、养护与锻炼。
③主动参加发展视力、听力和知觉的体操与游戏。
④了解常见病发病原因。
⑤知道常见疾病的预防措施。

(二)学前儿童身体健康教育的内容

1. 知道身体主要器官的名称和功能

(1)眼睛
①调整桌椅高矮,保持正确坐姿。
②连续用眼每隔30分钟休息一会儿。
③知道光线太亮与太暗都不适宜。
④养成良好的用眼卫生习惯。
⑤不玩危险物品,眼睛进入异物寻求成人帮助。
⑥愿意配合医生接受眼睛检查。
(2)耳朵
①说话自然,听到刺耳的声音捂住耳朵。
②不挖耳朵,不放异物。
③正确擤鼻涕。
(3)鼻子
①会用一只手压住鼻孔擤鼻涕。
②用鼻呼吸,不捂头睡觉,不挖鼻孔。
③正确使用湿毛巾、纸巾清理鼻腔。

（4）牙齿

①养成良好的饮食习惯，少吃甜食、零食，饭后漱口，早晚刷牙。

②掌握正确的刷牙方法，即顺着牙缝竖刷，刷上牙时往下刷，刷下牙时往上刷，里外都要刷。

③不吮吸手指，不咬指甲，不咬硬物。

④知道换牙的知识。

（5）皮肤

①养成清洁皮肤的好习惯，勤洗手、洗头、洗澡。

②不化妆、不烫发、不染指甲。

③勤剪指甲、勤换衣物。

2. 了解生长发育的基本知识

（1）观察身体及器官的生长发育过程。

（2）接受正确的性启蒙教育。

3. 懂得疾病防治基本知识

（1）了解疾病的基本常识。

（2）认识到疾病对身体健康的不良影响。

（3）了解常见病、传染病常识。

（4）理解良好卫生、运动习惯能强身健体。

（5）生病不害怕，积极配合医生治疗。

4. 增强关心他人健康的意识

（1）主动关心他人健康。

（2）了解护理他人疾病的常识。

5. 养成预防疾病的良好卫生习惯

（1）讲卫生。

（2）提高体育健身锻炼的兴趣。

二、学前儿童心理健康教育的目标与内容

（一）学前儿童心理健康教育的目标

《3～6岁儿童学习与发展指南》（以下简称《指南》）针对学前幼儿的心理健康发展，从情绪和适应能力两个方面提出了指导性意见，可以作为当前我国学前儿童健康教育的目标（表5-1、表5-2）。

表 5-1　情绪发展

年龄	情绪健康发展表现
3～4岁	①情绪稳定 ②不高兴时能听从成人的哄劝 ③情绪能较快地平静下来
4～5岁	①经常保持愉快情绪 ②不高兴情绪能较快缓解 ③得不到满足时能接受解释，不乱发脾气 ④愿意表达情绪
5～6岁	①经常保持愉快的情绪 ②知道产生消极情绪的原因，能努力化解 ③表达情绪适度，不乱发脾气 ④能较快地转换情绪和注意力

表 5-2　适应能力发展

年龄	情绪健康发展表现
3～4岁	①能在较热或较冷的户外环境中活动 ②换新环境时情绪能较快稳定 ③在帮助下能较快适应集体生活
4～5岁	①能在较热或较冷的户外环境中连续活动半个小时左右 ②换新环境时较少出现身体不适 ③能较快适应人际环境的变化
5～6岁	①能在较热或较冷的户外环境中连续活动不少于半个小时 ②天气变化时能少生病，能适应交通工具的轻微颠簸 ③能较快融入新的人际关系环境

（二）学前儿童心理健康教育的内容

1. 学习正确表达、调节情绪情感的方法

开展学前儿童教育，教育学前儿童从以下几方面表达、调节情绪。
（1）丰富积极情绪体验

学前儿童正处于天真烂漫、无忧无虑的年龄阶段，他们应该在轻松愉快健康的心理环境中成长，应该多数时候都能保持积极、乐观的情绪状态，不乱发脾气，能主动寻找愉快的事情做，感到不愉快时能自行调整和消除不快情绪。

教师应多关注幼儿的积极情绪培养，在教学中，如游戏活动结束后，问孩子"今天玩得开不开心"以引导幼儿对积极情绪的体验。

（2）合理表达、宣泄情绪

任何人都有情绪高涨和低落的时候，幼儿也不例外，和成人相比，幼

第五章 学前儿童健康教育活动设计探究

儿的情绪变化快、变化多,教师应关心幼儿,在观察到幼儿产生消极情绪时,要肯定其对相关情绪的表达,并在此基础上帮助其学会通过语言、表情和动作等方式表达、宣泄情绪。

在一些幼儿园中,教师会在活动区域设置"情绪晴雨表",每天早晨,幼儿入园入班后可以自由选择情绪卡片,教师可以有选择地根据儿童的情绪图片询问具体发生了什么事、有什么感受,引导和帮助幼儿正确解决情绪问题。

(3)调整认识、情绪归因

幼儿的情绪是变化无常的,教师应引导幼儿学会表达自己的情绪,学会正确认识不同的情绪,采取合理的措施去调整认识、舒缓情绪,并对不同情绪进行归因。

不同的幼儿之间存在个体差异,对于同一件事情、情境、刺激可产生不同的反应。例如,两个儿童为抢夺玩具而相互殴打受到老师的批评,可能一个感到轻微不快,另一个则表现出极度的不安。产生这种情绪认知差异的原因在于不同幼儿对老师的批评认知和评价不同,涉及幼儿的性格和个性问题,教师应帮助幼儿进行情绪情感归因,并通过科学合理的方式方法帮助幼儿查找原因、排解不良情绪。

2. 学习社会交往技能

(1)感知和理解他人的情感

皮亚杰认为,年幼的儿童是以自我为中心的,教师要采用各种方式让儿童逐渐理解他人的想法和情况,如表达同情、学会安慰等,通过各种案例教学来丰富幼儿的情感活动体验,让幼儿学会接纳和理解不同的情绪,进而了解和学习其他人是怎么接受和认识外部世界的,培养儿童感知和理解他人情感的能力。

(2)发展亲社会行为

学前儿童的亲社会行为是在儿童的需要基本上得到满足以后的社会性发展过程中的一种"自然而然"的行为。

在学前教育中,教师要为学前儿童积极创造与其他人进行接触和交流的机会,并正确引导儿童与他人一起活动或合作,教给儿童一定的交往策略,让儿童感受通过合作获得成功的快乐,从而养成乐于助人、乐于分享、乐于合作的品质。

(3)促进自我意识形成

学前期是儿童自我意识萌芽发展的关键时期,教师应在日常教学中促进学前儿童自我意识的形成。

首先,要引导儿童正确地认识自己并接纳自己。学前儿童对自己的积极认识最早来源于成人的尊重、认可和夸奖。教师要善于发现每个幼儿的优点,肯定幼儿。

其次,对幼儿的评价应尽量客观、具体,不要含糊、夸大。对于自卑、自信心不足的儿童,应该积极鼓励,对于对自己评价过高的幼儿,应帮助他们客观认识自我。

(4)初步掌握交往礼节

学前儿童要掌握并正确使用基本的礼貌用语,知道礼貌的称呼、问候他人;尊重他人。

3. 养成良好的习惯

学前儿童的心理健康与良好行为习惯密切相关,在学前教育阶段,教师应培养幼儿良好的行为习惯,具体包括以下内容。

(1)有规律的生活习惯,包括睡眠、起床、饮食、排便以及室内外的活动等。

(2)良好的卫生习惯。使幼儿认识到养成良好的卫生习惯不仅有助于身体健康,还能得到他人的认可和尊重。

(3)优良的品德行为习惯。讲礼貌、热爱集体、与人友好、爱护公共卫生和设施、爱护花草树木和小动物等习惯。

4. 性教育

性教育是一种知识教育,也是人格教育,在学前儿童教育中应渗透性教育,不能避而不谈,应引导幼儿掌握以下基本性知识。

(1)性别认同和性别角色。研究表明,3岁儿童已经具有自我性别认同感了,5岁儿童能以自己的性别角色适应社会生活,教师应帮助幼儿从各种外部特征(头发长短、衣服、玩具等)来认识和区分男孩与女孩。

(2)科学简洁的性知识传播。对于幼儿提出的有关性知识问题,教师应结合幼儿的认知水平做出幼儿能理解的合理回答。

三、学前儿童日常行为教育的目标与内容

(一)学前儿童日常行为教育的目标

1. 学前儿童日常行为教育的分类目标

(1)生活与卫生习惯

①有规律的生活习惯

A. 作息规律,坚持午睡。

第五章 学前儿童健康教育活动设计探究

B.定时大小便,掌握正确擦屁股的方法,便后洗手。
C.喜欢参加体育活动。
D.有良好的饮食习惯。
E.不偏食、不挑食。
②清洁卫生习惯
A.定时洗头、洗澡、剪指(趾)甲和理发等。
B.早晚刷牙、饭后漱口。
C.用自己的洗护用品和餐具。
③学习卫生习惯
A.保持正确的坐姿、站姿,注意用眼卫生。
B.保持书籍、文具、玩具的清洁。
(2)生活自理能力
①自己穿脱、整理衣服。
②正确使用餐具,独立进餐。
③自己叠被子和整理床铺。
④保护环境卫生。
⑤自己整理玩具和物品。

2. 学前儿童日常行为教育的年龄阶段目标

(1)小班
①愉快、安静、正确进餐,不洒饭菜,养成喝水的习惯。
②按时作息。
③初步养成坐、立、行等正确姿势。
④在成人提醒下养成勤洗澡、理发、剪指(趾)甲的习惯。
⑤不用手揉眼睛、挖鼻孔,不塞异物。
⑥白天不尿裤,晚上不尿床。
⑦喜欢参加体育活动。

(2)中班
①愉快安静地进餐,不弄脏桌面、地面。
②养成良好的作息习惯。
③看书、绘画时保持正确姿势。
④大小便时不弄脏卫生间。
⑤初步掌握保护眼睛和牙齿的方法。
⑥爱护环境卫生。
⑦讲究个人卫生:勤洗澡,衣着整洁。

（3）大班

①食欲旺盛,进餐集中,不挑食。
②饭前便后洗手,饭后漱口,早晚刷牙。
③按时入睡,姿势正确,用鼻呼吸。
④会上厕所,定时排便。
⑤咳嗽、打喷嚏用手肘捂住口鼻,保持仪表整洁。
⑥保护声带,不大声喊叫,不顶着风唱歌。
⑦活动不过量,累了知道休息。
⑧知道换牙和保护视力的一般知识与方法。

(二)学前儿童日常行为教育的内容

1.学前儿童日常行为教育的一般内容

（1）学习生活常识,自觉遵守作息时间。
（2）培养良好的生活与卫生习惯。
（3）学习生活的基本技能,培养生活自理能力。

2.学前儿童各年龄班日常行为教育的内容

学前儿童各年龄班日常行为教育的内容具体参考表5-3。

表5-3 学前儿童各年龄班日常行为教育的内容

各年龄班 教育内容	小班	中班	大班
进餐	会用小勺吃饭 不挑食、不洒饭 不东张西望 餐后用纸巾擦嘴巴 餐后漱口	学习用筷子吃饭 细嚼慢咽 餐后收拾餐具 餐后擦干净嘴并漱口	会用筷子吃饭 不挑食、不偏食 进餐姿势正确
盥洗	知道饭前便后洗手 掌握洗手的方法 初步学习刷牙	学会正确洗手方法 学会正确的刷牙方法 坚持每日早晚刷牙	正确洗手 餐后漱口 早晚刷牙 了解换牙的常识
如厕	有便意时能够自己如厕 学习穿裤子	根据需要如厕 学习大便后擦拭的方法	根据需要如厕 便后擦拭并认真洗手
午睡	学会有序穿脱衣服 睡姿正确,不蒙头 自然安静入睡	独立穿脱衣裤、鞋袜 入睡、起床不吵闹 能够分清鞋子的左右	入睡起床不吵闹 迅速、有序穿脱衣服 熟练整理床铺

第五章　学前儿童健康教育活动设计探究

续表

各年龄班 教育内容	小班	中班	大班
饮水	养成经常喝水的习惯	养成经常喝水的习惯	养成经常喝水的习惯
个人卫生	保持自身清洁和卫生	保持衣着整洁及自身清洁	保持姿势仪表整洁 根据天气主动增减衣物
维护环境	有自己收拾玩具和书的意识	维护环境卫生,不乱扔物品	爱护环境卫生

四、学前儿童安全教育的目标与内容

(一)学前儿童安全教育的目标

学前儿童安全教育目标详见表5-4。

表5-4　学前儿童应具备基本的安全知识和自我保护能力

年龄	学前儿童安全教育目标
3～4岁	①不吃陌生人给的东西,不跟陌生人走 ②在提醒下能注意安全,不做危险的事 ③走失时,能说出家长姓名、电话号码等简单信息
4～5岁	①在公共场合不远离成人视线单独活动 ②认识常见的安全标志,遵守安全规则 ③运动时能主动避险 ④知道简单的求助方式
5～6岁	①未经大人允许不给陌生人开门 ②能自觉遵守基本的安全规则和交通规则 ③运动时注意安全,不给他人造成危险 ④知道一些基本的防灾知识

(二)学前儿童安全教育内容

1. 交通安全

(1)认识交通标志。
(2)了解基本的交通规则。
(3)有交通安全意识,遵守交通规则。

2. 消防安全

（1）使幼儿懂得玩火的危险性。

（2）教会幼儿掌握简单的火灾自救技能：捂住口鼻，在烟雾下面匍匐前行。

（3）组织幼儿参观消防队，了解消防知识。

（4）组织幼儿进行火灾疏散演习。

3. 食品卫生安全

（1）不随便捡食和饮用不明物品。

（2）不吃腐烂的、有异味的食物。

（3）养成良好的饮食习惯。

（4）不随便吃药。

4. 防触电、防溺水

（1）不玩电器，不玩电线，不玩插座等。

（2）发生触电事故，不能去拉触电的人，而应及时切断电源，或者用不导电的东西挑开电线。

（3）不私自到河边玩耍、游泳。

（4）不将脸闷入水中。

（5）同伴落水时，要及时就近呼叫成人。

5. 幼儿园玩具安全

（1）玩大型玩具（滑梯、秋千、跷跷板等）不拥挤，坐稳，扶好。

（2）玩中型玩具（积木、游戏棒），不打其他幼儿身体。

（3）玩小型玩具（玻璃球、木珠子），不放入口、鼻、耳中。

6. 幼儿生活安全

（1）运动和游戏时要有秩序，不拥挤，不能从高处往下跳。

（2）不擅自攀爬、下滑，手不放在夹缝中。

（3）乘车时不在车上来回走动，手和头不伸出窗外。

（4）上下楼梯要靠右边走，不推挤。

（5）不轻信陌生人的话，不跟陌生人走；不给陌生人开门。

（6）不随便开启家用电器，不玩弄电线与插座。

（7）不独自玩弄烟花爆竹；打雷、闪电时不站在大树底下。

（8）不逗弄小动物，远离危险动物。

第二节　学前儿童健康教育活动的设计

一、确定活动目标

活动目标是活动实施的起点和归宿。学前儿童健康教育活动的目标应该符合幼儿的身心发展特点,教师对教学活动目标的描述应简单明了,只有这样才能在具体的教学活动实践中确保活动的落地。

教师应在考虑学前幼儿日常行为教育总目标的基础上,结合教育对象的特点,根据活动内容的不同,设计明确、具体、适宜、表述简明的活动目标。

二、选择活动内容

（一）身心健康教育活动内容

根据学前儿童身体健康教育教学目标,在具体的教学活动设计中,应注意以下几点。

（1）渗透身体生长发育、心理健康发育的相关知识。

（2）符合儿童的需要和兴趣。

（3）与已有经验相联系。

（4）考虑与幼儿园其他领域教育内容的整合。例如,身体生长发育属于人体科学教育范畴,是健康领域和科学领域教育内容的相互整合和渗透;认识人的各种基本情绪,是社会活动的内容,又是心理健康教育的内容。

（5）对于健康教育中不易理解的健康常识,不太容易掌握或需要系统训练的健康行为技能,教师可以通过专门的健康教育活动引导儿童探索、理解并掌握这些技能。

（6）重视民间游艺活动的教学引入。《3～6岁儿童学习与发展指南》明确提出:"要珍视游戏和生活的独特价值",民间游艺游戏活动内容丰富、形式多样、生动有趣,符合儿童身心发展特点,儿童在观看或参与这些活动的过程中,能感受民俗氛围,潜移默化中受到自身民族文化的感染熏陶,建立起初步的民族认同感和归属感。[①] 民间游艺游戏活动具有鲜明的地方特色和浓厚的生活情趣,不仅可以丰富学前幼儿教学内容,还可以促进我国民间文化的传承发展。[②]

(二)日常行为教育活动内容

学前儿童日常行为教育活动内容应根据活动目标设定,设计时应注意以下几点。

(1)符合不同年龄阶段儿童的需求和兴趣。
(2)与幼儿已有的经验相联系。
(3)考虑与幼儿其他领域教育内容的有机融合。

(三)安全教育活动内容

研究表明,在学前儿童的教育教学活动中,生活化、直观化、常态化的体验式环境教育更有利于幼儿接受和学习知识与技能,在安全教育活动内容的设计中,应重视教学内容与儿童日常生活的有机联系,避免安全教育枯燥抽象、教条化的问题。

一般来说,幼儿安全教育活动以主题活动开展为主(表5-5),并注重引导幼儿与日常所见所闻的联系与应用。

表5-5 某幼儿园安全教育主题计划表

小班	中班	大班
活动名称: 不跟陌生人走 活动目标: ①不轻信陌生人的话 ②不能跟陌生人走 ③养成自我保护意识	活动名称: 我会求助 活动目标: ①知道遇到麻烦时可以求助他人 ②知道求助基本常识 ③知道如何拨打求助电话	活动名称: 不上当受骗 活动目标: ①初步建立防范意识 ②学会危险应对的方法

---

① 毕中情.民间游戏在农村幼儿园教育活动中的应用[J].西部素质教育,2016,2(5):97.
② 毕中情.山西民间游艺的教育价值及传承探析[J].晋中学院学报,2016,2(33):76.

第五章　学前儿童健康教育活动设计探究

续表

小班	中班	大班
活动名称： 妈妈不见了 活动目标： ①知道找不到妈妈应该怎么做 ②记住电话及家庭地址 ③提高自我保护能力	活动名称： 小心危险 活动目标： ①有安全和自我保护意识 ②尝试多角度思考生活中常见的危险因素和预防措施 ③大胆讲话	活动名称： 参观消防队 活动目标： ①接受自我保护教育 ②加强安全意识 ③了解消防员的角色 ④了解消防队的任务及装备 ⑤对消防员产生敬意
活动名称： 我会走路 活动目标： ①学习安全走路的方法 ②学习正确走路姿势 ③走路时不嬉戏打闹	活动名称： 我会打电话 活动目标： ①养成自我保护意识 ②遇到危险拨打求助电话 ③记住不同求救电话 110（报警） 119（火警） 120（急救）	活动名称： 身边的安全标志 活动目标： ①认识常见的安全标志 ②学会看标志，保护自己 ③增强自我保护意识

三、做好活动准备

根据既定的活动目标和活动内容，准备教学活动中所需要的教学材料，由于幼儿的日常行为习惯是在生活中的一点一滴积累中形成的，因此，必要时需要请家长配合教师正确引导幼儿学会盥洗、整理衣物、收拾玩具、正确如厕等日常行为操作方法。

学前儿童身体健康教育活动的准备包括以下几个方面。

（1）教师的准备：教师精心选择教育活动的内容、方法、途径。

（2）儿童的准备：教师了解与分析幼儿的知识基础和能力基础。

（3）环境资源的准备：与教学主题相适应的教学情境创设，以及教学物质资源的准备。

四、设计活动过程

学前儿童日常行为教育过程一般分为"导入部分""基本部分""结束部分"。

（一）导入部分

导入部分,教师应重视幼儿的注意力和积极性的调动,一般可采用直接导入、经验导入、激趣导入等方法,在幼儿教学中,上述三种方法均运用较多,各有优点。直接导入简单明确,点出活动主题,阐明活动要求;经验导入运用幼儿已有的经验和比较熟悉的事物进入教学,教学活动亲切,学生参与度高;激趣导入通过讲故事、猜谜语、做游戏等形式导入教学活动,是幼儿喜闻乐见的。

（二）基本部分

基本部分,教师应充分考虑不同教学活动环节的前后顺序安排,并考虑不同教学方式方法的运用,整个教学活动设计应有目的、有计划、有步骤。

（三）结束部分

结束部分,教师应注重活动主题的总结,帮助幼儿提高认识。

需要特别指出的是,教师的活动设计是对教学过程的大致预演,实际教学中,可能出现新的情形、新的问题和新的教育机会,这就需要教师在教学中不仅注意既定目标的达成,还要敏锐发现新的、有价值的教育契机。

五、活动延伸、领域整合、教育渗透

在学前儿童健康教育活动结束后,健康教育并没有随着课堂内容的结束而结束,为了巩固幼儿所学内容、更好地实现活动目标所设计的一切活动,教师应注重教育活动在幼儿以后活动中的延伸和应用。

学前幼儿的健康教育与其他领域的教育之间有着非常密切的联系。在幼儿健康教育中,教师应注重多领域教育知识与活动的整合,将健康教育从外在于教学活动的具体保障措施,内化为教学活动的重要目标,精心设计、安排系列活动,让儿童积极参与教学活动。

健康教育活动自然、及时地融入日常生活中,有利于巩固幼儿的健康行为习惯。教师在日常生活和其他多元化的教育教学活动中,应适时抓住随机教育机会,对学前儿童进行引导和教育,将健康教育渗透到各种教

育教学活动中,渗透到幼儿的日常生活中,使健康知识和技能成为幼儿健康成长的一部分。

第三节　学前儿童健康教育活动设计案例

一、学前儿童身体健康教育活动设计案例

(一)案例一:小松鼠摘果子

1. 教学对象

中班幼儿。

2. 活动目标

(1)练习抛接动作。

(2)在捡松果活动中学习与他人竞争和合作。

3. 活动准备

(1)录音磁带乐曲《摘果子》[①]。

摘果子

佚名 曲

1=F 2/4

[1] 6 3 3 3 | 2 3 2 3 2 1 | [3] 6 2 2 2 2 | 2 3 2 1 3 |

[5] 3 6 6 6 6 | 6 6 5 3 3 | [7] 2 2 3 2 3 5 | 6 6 6 ‖

(2)小背篓(废旧小纸箱)、若干纸球。

4. 活动过程

(1)准备活动:抛接练习。

①教师描述活动情景:冬天要来啦,小松鼠需要储存很多果子在冬天里食用。

---

① 朱家雄.幼儿园教育活动设计与实施[M].北京:高等教育出版社,2008.

②教师提出活动要求：小朋友们扮演小松鼠摘果子，不可以用手直接将纸球放入背篓，应将纸球抛起，然后用挂在胸前的背篓接住纸球。

③幼儿练习抛接动作。

（2）游戏：捡松果

①教师将纸球散落在地上。

②教师介绍游戏规则：音乐响起，幼儿将纸球捡起抛进自己的背篓；音乐停止，捡球即止。

③音乐响起，幼儿捡球和抛球。

④音乐停止，幼儿清点纸球，纸球多者胜。

（二）案例二：我们的身体

1. 教学对象

大班幼儿。

2. 活动目标

（1）对探索人体奥妙感兴趣。

（2）熟悉身体部位、关节，活动身体。

3. 活动准备

一张人体结构图。

4. 活动过程

（1）导入

教师提问："今天我们做个小游戏，游戏的名字叫'说哪儿动哪儿'，老师说身体的一个地方，小朋友们让它动一动，好吗？"

（2）引导幼儿讲出身体各部位名称及用途

教师提问："刚才我们让自己的身体运动了一下，那小朋友们请回答，我们活动了身体的哪些部位呢？"

教师提问："哪些部位我们没有活动呢？"

教师提问："刚才我们身体有的部位没活动，它们不高兴了。现在咱们让它们都动起来吧！"（和幼儿一起舞蹈）

教师提问："咱们坐下休息一会儿，小朋友们讨论一下，跳舞时身体哪些部位在动？它们是怎么活动的呢？"

（幼儿讨论）

教师提问："现在谁来告诉大家答案？"

教师提问:"它们还有什么用处吗?"
教师提问:"它还可以干什么?"
(3)引出关节
教师提问:"你们说的都是我们用眼睛能看见的部分,在身体里面还有许多看不见的器官,谁知道有哪些?"
教师提问:"我们的身体为什么会动?"
教师提问:"腿为什么会弯?"
(4)用木头人的游戏来初步了解关节的用处
教师提问:"木头人很喜欢我们的小朋友,想跟我们做游戏,你们愿意陪它玩吗?我们如果跟木头人一样没有关节,结果会怎样呢?"
小结:"我们的身体有很多部位,有……还认识了关节,它们的作用都很大,我们要好好地保护它们。"

二、学前儿童心理健康教育活动设计案例

(一)案例一:亮亮不高兴了

1. 教育对象

中班幼儿。

2. 活动目标

(1)知道遇到困难或不开心时,应想办法解决问题。
(2)学会思考解决问题的方法。
(3)懂得高兴、快乐等良好的情绪有利于身体健康。

3. 活动准备

(1)多媒体素材《别来烦我》。
(2)微笑卡、音乐磁带、录音机。

4. 活动过程

(1)多媒体导入

教师提问:"今天,我给小朋友们介绍一位叫亮亮的小朋友,他总是爱发脾气、生气,我们一起来看看,他总是为一些什么事发脾气、生气,好吗?"
幼儿看完多媒体素材后,教师和幼儿围成圆圈坐好。

（2）回顾故事

①提问

A."小朋友们喜欢亮亮吗？为什么？"

B."亮亮为什么事发脾气、生气呢？"

C."如果是你，你会怎样做呢？"

D."小朋友们有过不高兴或生气的事吗？你们是怎么解决的呢？"

E.教师提问："生气、伤心、发脾气好吗？你生气的时候周围的人会怎么样？"

②教师小结

A.随便发脾气、生气是不好的行为习惯，会失去很多朋友。

B.经常发脾气、生气，会影响身体健康，会得病。

C.当我们有坏心情的时候，要使自己快乐起来。

③幼儿讨论

A.由个别幼儿说说使自己变得快乐的方法。

B.展示教学图片，让幼儿自由地看一看、说一说。

（3）迁移巩固

①分组讨论

A.困难1：我想跟妈妈分享好听的故事，可是妈妈忙得很，没有时间听，我很难过，该怎么办呢？

B.困难2：我今天得到了五个五角星，特别高兴，终于可以让妈妈给我买小飞机了，可是商店里的阿姨却告诉我已经卖完了，我感到很伤心，我该怎么办呢？

②集体交流

鼓励幼儿大胆发言。

（4）结束

教师："老师希望小朋友每天都是快乐的。小朋友们，一起在微笑卡上把你们的快乐记录下来吧！"（带幼儿离开，活动结束）

(二)案例二：《汤姆挨罚》绘本阅读

1. **教学对象**

中班幼儿。

2. **活动目标**

（1）乐于和老师一起阅读绘本。

（2）能从图画和文字中体会角色情绪变化的过程。

（3）学习使用恰当的方式调节和宣泄自己的情绪。

3. 活动准备

《汤姆挨罚》绘本，PPT。

4. 活动过程

（1）情境导入

关注幼儿的已有经验。

①展示封面：这是一个小朋友，他叫汤姆。

②这个故事的名字叫作"汤姆挨罚"，什么是"挨罚"？我们一起来看看这个故事吧。

（2）讲述故事

①讲述绘本故事，同步播放PPT，方便幼儿观看。

②教师提问，如：

A. 汤姆为什么拿别的小朋友的玩具呢？这样好吗？

B. 如果汤姆想玩小汽车，应该怎么做？

C. 是不是有礼貌地询问了，别人就必须同意呢？如果被拒绝应该怎么办？

……

（3）理解故事

完整讲述故事后提问。

①你喜欢汤姆做哪些事？为什么？

②你生气的时候怎么样才能让自己的心情好一些呢？[①]

三、学前儿童日常行为健康教育活动设计案例

（一）案例一：喝水

1. 教育对象

小班幼儿。

2. 活动目标

（1）知道喝水的重要性及简单的卫生知识。

（2）掌握喝水的正确方法。

[①] 庞建萍，柳倩. 学前儿童健康教育与活动指导[M]. 上海：华东师范大学出版社，2014.

（3）表述喝水的愿望和要求。

3. 活动准备

两棵豆苗（一棵长得旺盛，另一棵已经枯萎），三幅挂图。

4. 活动过程

（1）教师拿出两棵豆苗（一棵长得旺盛，另一棵已经枯萎）让幼儿观察。

（2）教师提问："小朋友要仔细看，两颗豆苗长得一样不一样？种豆苗的土有什么不一样？"（让幼儿知道长得旺盛的豆苗是因为每天浇水，豆苗枯萎是因为没有浇水。）

（3）让幼儿感受豆苗和水的关系，懂得人和豆苗一样，缺水是无法生存的。

（4）教师展示挂图，让幼儿判断"对"与"错"。

挂图一：小明一边玩一边喝水，搞得桌子上、地上都是水。（不对）

挂图二：小红玩得渴急了，看见窗台上的水，不管谁的，拿起就喝。（不对）

挂图三：小兰喜欢喝白开水，不让妈妈给加糖。（对）

5. 活动延伸

（1）幼儿观察家中的花缺水时和浇水后的变化。

（2）让家长帮助幼儿分析饮料成分，让幼儿知道饮料喝得过多的害处。

（二）案例二：睡得好，身体棒

1. 教育对象

中班幼儿。

2. 活动目标

认识到睡眠的重要性，养成良好的睡眠习惯，以促进身体发育。

3. 活动准备

教师自制教学图片《睡得好，身体棒》。

4. 活动过程

（1）观看图片

鼓励幼儿把看到的东西讲给同伴听。（自由参观）

（2）幼儿讨论

帮助幼儿总结：人不吃饭不行，不睡觉也不行。

小朋友每天晚上九点钟左右要上床睡觉；早上七点钟左右起床，睡得好，有精神，才能学到更多知识。

（3）分组讨论

①思考如何才能睡得好。

②如果睡不好觉，会出现什么情况呢？

③谈谈自己的睡眠情况。

（4）各领域渗透

①聆听和欣赏歌曲《摇篮曲》。

②欣赏绘画《静静的夜晚》。

（5）环境中渗透

活动室内及室外贴上《睡得好，身体棒》的图片。

（6）生活中渗透

请家长配合，尽量让幼儿远离夜生活。

(三) 案例三：我会刷牙了

1. 教育对象

大班幼儿。

2. 活动目标

（1）学习保护牙齿的重要性，了解刷牙的重要性。

（2）认识刷牙的工具，学习刷牙。

（3）养成早晚刷牙的习惯。

3. 活动准备

（1）有关刷牙的幻灯片。

（2）牙膏、杯子、牙刷。

（3）牙齿模型。

（4）幼儿已学会漱口，会念儿歌。

4. 活动过程

（1）观看动画片《小红脸和小蓝脸》

动画片《小红脸和小蓝脸》改编自托尔边·埃格创编的童话故事，由上海美术电影制片厂制作而成，讲述了乳酸杆菌在口腔里安家落户到最后被驱逐出去的过程。通过观看影片,引导幼儿了解刷牙的重要性。

①看一张幻灯片,引出故事。

②观看动画片前半段,学习刷牙的重要性。

③老师提问。

小结:细菌小红脸和小蓝脸最喜欢不爱刷牙的小朋友,它们会让这些小朋友的牙齿生病。牙齿生病了,不仅不好看,还会使人疼得睡不着觉、吃不下饭,影响我们的健康。

(2)教具展示,了解刷牙的工具和步骤

①教师提问:"刷牙时会用到什么工具?"

②请小朋友示范平时如何刷牙。

(3)学习正确的刷牙方法

①拿出牙齿模型观察牙齿的结构。

②学习正确的刷牙方法。

③学唱刷牙歌。

④观看动画片的后半段,体验刷牙的作用。

5. 活动延伸

(1)发刷牙记录表,强化天天刷牙的意识。

(2)教师观察指导幼儿刷牙。

四、学前儿童安全教育活动设计案例

(一)案例一:会说话的安全标志

1. 教育对象

中班幼儿。

2. 活动目标

(1)认清安全标志,遵守交通规则。

(2)知道应该按照安全标志的要求行动。

(3)培养自我保护意识和能力。

(4)动手制作安全标志,培养创造力、动手能力。

3. 活动准备

(1)多媒体课件:有关交通安全、严禁烟火、当心触电等内容的小故事。

(2)安全标志图片和实物准备。

（3）让幼儿收集安全标志。

（4）每个幼儿一套安全标志（七种）：注意安全、人行横道、步行、禁止通行、严禁烟火、当心触电、禁止触摸。

（5）画纸、水彩笔、剪刀等工具材料。

4. 活动过程

（1）找安全标志

①激发幼儿兴趣。引导幼儿观看课件，讲述交通安全小故事。

②提出问题，由幼儿思考。

A."为什么要有这些安全标志，它们有什么用？"

B."你还见过什么安全标志？它们表示什么意思？"

C.继续观看多媒体课件演示，寻找安全标志。

（2）议安全标志

①从布袋中找出安全标志，并介绍。

②讨论安全标志的用途。

③议一议没有安全标志的危害。

小结：要按安全标志上的要求行动，才能既方便自己又不影响他人。如果不这样，会出现很多问题。

④游戏：看谁找得准。

教师说出一种安全标志名称，由幼儿迅速找出相应的安全标志卡片。

（3）设计安全标志

①想一想，幼儿园里什么地方需要悬挂安全标志？请小朋友动手制作安全标志。

②小朋友介绍自己制作的安全标志。

5. 活动延伸

幼儿找到需要安全标志的地方并悬挂上自己制作的安全标志。[1]

（二）案例二：我们不玩火

1. 教学对象

中班幼儿。

---

[1] 幼儿园快乐与发展课程编写组.幼儿园快乐与发展课程教师指导用书·中班[M]. 北京：北京师范大学出版社，2009.

2. 活动目标

（1）了解火的用途，知道用火不当的危害。

（2）认识"严禁烟火""安全出口""火警119"等标志。

（3）掌握基本防火知识。

（4）在日常生活中不玩火。

3. 活动准备

（1）"禁止烟火""安全出口"标志各一张（图5-1）。

图 5-1 禁止烟火和安全出口的标志图

（2）有关火燃烧的图片（烧饭菜、烧水、炼制钢铁、照明、取暖、发电等）。

4. 活动过程

（1）谈谈火的用处

①教师出示图片，幼儿观察图片，教师提问。

A."你们知道这是什么意思吗？"

B."小朋友想一想，火可以帮助我们人类做哪些好事？"（烧饭、照明、取暖、发电等）

C. 用火不正确，可能会发生什么事？

②老师总结并补充火的用途。

（2）谈谈火的害处

问答与讲解结合进行。

教师讲述："火也是很危险的,如果用火不当,火发起脾气来,就会形成火灾。"

教师提问："谁知道火灾是怎么发生的呢？"

（3）引导幼儿说出预防火灾的方法

①火柴、打火机等能产生火的东西都不能玩。

②小孩玩火很危险。

③蚊香等带火的东西不能靠近容易着火的物品。

④哪些东西怕火、容易燃烧？（木材、煤炭、纸等）

⑤不随便燃放烟花爆竹。

⑥不玩未熄灭的烟头,应及时踩灭。

（4）讨论："万一出现火情,该怎么办？"

让幼儿初步掌握几种自救逃生的方法与技能。

"着小火了怎么办？"

"着大火了怎么办？"

"公共场所着火怎么办？"

（5）小结

①如果出现小火,用水泼灭火、用湿布扑灭火、用沙子灭火、用灭火器灭火……

②如果出现大火,应及时逃生,不坐电梯,要走楼梯,用湿布捂住口鼻、弯腰前行。

③遇到火灾要远离火场,及时拨打119电话请求救援。

④请小朋友们把自己学到的防火知识讲给爸爸妈妈听。

（三）案例三：兔妈妈不见了（小班活动）

1. 教育对象

小班幼儿。

2. 活动目标

（1）喜欢与成人一同游戏。

（2）知道不吃陌生人给的东西,不跟陌生人走。

（3）增强自我保护意识。

3. 活动准备

兔妈妈、小兔、大黄狗、狗熊的音乐及头饰若干,大树若干。

4. 活动过程

(1)放音乐,以小兔子的身份出场,吸引幼儿。

①兔妈妈带宝宝们外出玩耍。(跳一跳)

②教师提示幼儿跟随妈妈走。

(2)做游戏"陌生人给的东西我不吃"。

①"妈妈的钱包忘记带了,我回去拿。宝宝们在这里玩一会儿,不要走远了。"(兔妈妈回家)

②大黄狗说:"我这里有好吃的东西,给你们尝尝吧!"(引导幼儿不吃陌生人给的东西)

③狗熊说:"孩子们,我带你们去游乐园玩吧,可好玩了。"(引导幼儿不跟陌生人走)

④妈妈回来了,表扬不吃陌生人给的东西、不跟陌生人走的幼儿。

第六章　学前儿童语言教育活动设计探究

学前儿童时期是语言发育的黄金时期,语言是教师教学重要的教育工具,也是学生学习的工具。在学前儿童教育中,语言教育是非常必要和重要的,学习语言能提高儿童的思维能力和学习能力。儿童学习和使用语言,通过语言与周围的人交流,还能促进儿童的社会化发展。学前儿童语言教育不仅应遵循学前儿童的语言发展规律,还应服从学前儿童教育活动的大系统,从而为实现幼儿园教育目标服务。本章重点对学前儿童语言教育活动设计进行深入探究,以期为教师科学设计学前儿童语言教育活动,促进不同阶段的幼儿语言发展提供理论指导依据。

第一节　学前儿童语言教育概述

一、学前儿童语言教育的概念

(一)语言的本质

关于"语言",不同学科在本学科研究过程中均有涉及,如语言学、心理学、哲学、社会学等学科。关于语言的概念,不同学科从不同角度均提出了具有专业角度的观点,但未能在概念描述上达成统一。关于"语言"的本质,学术界有以下几个方面的共识。

1. 语言是一种符号

语言是音义结合,具有某种具体的含义,由词汇、语音、语法共同构成的一种符号系统,用来表达意思、交流思想。

对于不同的种族、民族以及在不同地区生活的人来说,不同的语言符号表示不同的意思。语言是聚集在一个地域的人们在长期的生产生活中所形成的按照固定形式(语法)确定下来的表示不同意义的语音组合。

语言作为一种符号系统,其不同的系统要素,具有不同的作用。

词汇是构成语言的主要材料。一个人掌握的词汇越多,表达会越流畅,语言水平会越高。词汇是人们对事物全面认知后的高度概括,不会随着某一时期人和事物的变化而发生变化。

语音是指语言的声音。语音是可被听到与检测到、由人体发音器官发出、具有某种意义的表达,是表达与传递信息的重要媒介。对于同一个事物,可以通过不同的语音来表示,如"书"(表6-1);在同一个语言体系中可以有多种语音形式,如"脚"和"足"是同一事物的不同名称。

语法使语言具有条理性、具有意义。

表6-1 书的不同社会语音表达

汉语	书
英语	book
俄语	книга
日语	ほん
现代汉语普通话	[shu]
广州话	[cʃi]
福州话	[ctʃy]

人类语言不能自发产生,而是需要通过后天学习掌握,如果一个儿童在成长过程中从来都没有听过"人"这个词,那么他就不会知道"人"作为一个词汇所指代的意义,也不会知道"人"的发音。在正常的社会环境中成长的儿童与"狼孩"的重要区别,就在于他们所掌握的与其他人进行沟通的工具不同。在缺乏词汇、语音刺激的语言交流环境中,是很难有较高的语言发展水平的。

2. 语言是一种工具

语言是人类的交际工具和思维工具,同样也是学前儿童进行人际交往和思维的工具,如果教师要通过学前教育来促进学前儿童进一步理解与掌握语言,丰富语言表达,就必须正确地理解学前儿童的思维发展与语言理解二者之间的关系。儿童的语言发展在不同的阶段会表现出不同的特点,教师应结合儿童语言发展规律在合适的年龄阶段给予其语言刺激与发展诱导。

就思维与语言二者的关系来讲,思维会帮助我们组织和加工语言。例如,向他人描述某一个人、某一个物品、某一件事,我们的大脑中会先出现这个人、这个物品、演示一遍这件事。语言会对思维的过程产生一定的影响。我们思考某个问题时会同时用语言帮助理解,如幼儿在画画过程中一边自言自语,一边在纸上画出语言所描述的图像;再如幼儿在玩玩具的过程中一边自言自语,一边将玩具按照刚才说的话进行摆列、排序等。

3. 语言是一种信息传递系统

语言是传递信息的重要媒介,在日常生活中,人们了解天气信息、听新闻广播等,都是通过语言媒介来实现的。这是最直接的语言信息传递。

此外,人们还可以通过语言去了解一件事所发生的具体影响、一种情绪的发生程度,例如,情况严重、情况不容乐观、情势危机;如哽咽、抽泣、流泪、痛哭流涕等。

(二)学前儿童语言教育

学前儿童语言教育有广义和狭义之分,具体分析如下。

1. 广义的学前儿童语言教育

广义的学前儿童语言教育是针对0~6岁学前儿童的所有语言获得、语言学习现象、语言发展规律的探索和教育研究。

广义的学前儿童语言教育学是研究学前儿童听、说、读、写能力的专业化教育学科,旨在促进学前儿童语言教育的全面发展。

2. 狭义的学前儿童语言教育

狭义的学前儿童语言教育以3~6岁儿童早期母语的听说训练和教育为研究对象,着重关注学前儿童的口语听说训练。

狭义的学前儿童语言教育把"3~6岁儿童"作为研究对象,3岁前儿童的语言教育被排除在学前语言教育之外,这不利于学前儿童语言的健康发展,更不利于学前儿童语言教育活动的开展。

本书所指的学前儿童语言教育是广义的,对学前儿童的语言教育研究着重于幼儿在幼儿园中的教育。

二、学前儿童语言教育目标的层次结构

(一)学前儿童语言教育的总目标

学前儿童语言教育总目标,又叫终期目标,是学前儿童语言教育完成之后所应达成教学任务的总和。

要做好学前儿童教育,就必须时刻铭记学前儿童语言教育的总目标,

任何学前儿童语言教育活动的安排,其所实现的教学活动目标都应该是为学前儿童语言教育的总目标服务的。

(二)学前儿童语言教育的年龄阶段目标

学前儿童语言教育的年龄阶段目标是其第二层次的教育目标,是教育总目标在幼儿各个年龄段的具体体现。

学前儿童在语言发展方面存在着一定的共性,但是不同年龄阶段的幼儿在语言发展方面存在着年龄差异。针对不同年龄阶段的幼儿,教师在开展语言教育时,要抓住幼儿的年龄特点,关注不同幼儿语言发展的敏感期,从而开展更有针对性的教育。

整体来看,在学前儿童的语言发展要求上,不同年龄段儿童的语言教育目标呈现出螺旋上升的状态,简单说明如下。

0~1.5 岁儿童,要求能说出常见物品的名称。

1.5~3 岁儿童,要求能说出自己的姓名和年龄,能简短回答别人的问题。

3~4 岁儿童,要求能简短表达,能在集体面前讲述。

4~5 岁儿童,要求能用完整句子讲述,会有表情地朗诵和复述。

5~6 岁儿童,要求能用适度的语音说话,能主动与人交谈、表达,能连贯讲述,能有表情地朗诵或表演等。

(三)学前儿童语言教育的具体活动目标

学前儿童语言教育的具体活动目标是其第三层次目标,指某一个具体的教学活动中的教学目标,依据总目标和年龄阶段目标来制订。

三、学前儿童语言教育目标的具体内容

这里重点阐述学前儿童语言教育目标的终期目标和阶段目标内容。教师在制定学前幼儿教育中的具体教学活动目标时,可结合幼儿园的要求和幼儿实际情况,在终期目标和阶段目标的基础上进行明确并设计具体教学活动。

(一)学前儿童语言教育终期目标内容

学前儿童语言教育的终期目标从层次上可以分为听、表述、文学欣赏、早期阅读等方面。终期目标在各方面的要求见表 6-2。

第六章　学前儿童语言教育活动设计探究

表 6-2　学前儿童语言教育的终期目标

层次	认知	情感、态度	能力与技能
听	别人说话时,懂得注意倾听	①喜欢听 ②能有礼貌地听	①能集中注意力安静倾听 ②能分辨声音和语调 ③能理解并执行指令
表述	①懂得用适当的音量说话 ②积极表述	①喜欢交谈 ②积极、有礼貌地与人交谈	①会说普通话,发音准确 ②能运用恰当词句和语调表述 ③能用连贯语句讲述
文学欣赏	①懂得文学作品中运用的是规范而又成熟的语言 ②懂得阅读能增长知识 ③能感受语言艺术的美	喜欢聆听和阅读	①理解内容 ②体会文学语言美 ③初步了解文学常识 ④能用动作、语言、美术等不同表现方式 ⑤能表达对文学作品的理解 ⑥会编构、表演、仿编等
早期阅读	懂得口语与文字和图书的对应与转换关系	①对图书和文字感兴趣 ②喜欢认读	①掌握基本阅读法 ②能集中注意力阅读 ③能制作图书并配文字说明 ④了解汉字 ⑤主动积极认读 ⑥能规范书写姓名和常见字

(二)学前儿童语言教育阶段目标内容

1. 小班

(1)听

①喜欢听。

②能听懂普通话。

③能保持安静地听。

④不随便打断别人的话。

⑤能理解日常生活指令。

(2)表述

①愿意学说普通话。

②喜欢与人交谈。

③知道在集体面前要大声发言。

④会用简单的语言表达。

⑤能讲述图片内容和自己感兴趣的事。

（3）文学欣赏
①愿意欣赏并初步感受和理解文学作品。
②能独立地念儿歌,讲述简短句子。
③能简单仿编。
（4）早期阅读
①能看图讲话。
②知道字发音不同,表达的意思不同。
③喜欢听成人讲述。
④愿意尝试自己阅读。
⑤学习正确的阅读方法,会按顺序翻阅图书。

2. 中班

（1）听
①能有礼貌地、集中注意力地倾听。
②能区分普通话和方言的发音。
③能理解多重指令。
（2）表述
①积极学说普通话,发音清楚。
②有礼貌地交谈。
③不随便插话和打断别人。
④说话声音、语速适当。
⑤能用完整句子连贯讲述。
⑥能大胆、清楚地表达。
（3）文学欣赏
①初步了解儿童文学作品的不同体裁及其构成因素。
②能初步理解和归纳主题与情感。
③会有表情地朗诵、讲述。
④能根据作品提供的线索想象、仿编。
（4）早期阅读
①知道口头语言和文字的对应转换关系。
②能集中注意力倾听成人讲述,理解书面语言。
③能独立阅读,理解画面内容。
④对文字感兴趣,主动学认汉字。

3. 大班

（1）听

①能认真、耐心地倾听。

②能辨别普通话声调、语气的变化。

③能理解并执行复杂指令。

（2）表述

①坚持说普通话,发音准确、清楚。

②能主动、热情、有礼貌地交谈。

③在不同的场合会用恰当的音量、语速说话。

④能连贯地讲述。

⑤能主动、大胆表达。

⑥乐于参加讨论和辩论,敢于发表不同意见。

（3）文学欣赏

①理解幼儿文学作品的不同体裁及构成因素。

②在教师的帮助下,分析作品中的特殊表现手法,体验作品感情脉络。

③有感情地表演。

④能独立创编。

（4）早期阅读

①理解画面内容,会扩句和缩句表述。

②会保护和修补图书。

③会用绘画自制图书。

④对学习与阅读感兴趣,积极学认汉字。

第二节　学前儿童语言教育活动的设计

一、学前儿童谈话活动设计

（一）明确目标,确定范围

学前儿童的思维是发散性的,往往会想到哪里就说到哪里,为了促进幼儿谈话活动的有序开展,教师在设计学前儿童谈话活动时,应首先明确谈话的主题和大致的范围。

在学前儿童的谈话活动设计中,每次谈话活动的具体目标都应该既能体现总目标的要求,又能适应阶段目标、谈话活动中,还应明确幼儿的语言表达、倾听等具体目标。

(二)创设情境,引出话题

为吸引学前儿童积极加入谈话活动,教师应围绕谈话目标和主题,创设合理的教学情境,并适时引出谈话话题。

学前儿童的谈话教学情境创设应注意以下两点。

首先,谈话情境应宽松自由。幼儿在谈话中完全放松下来,有助于幼儿尽情地想象,自由地表达,有助于达到交流创编、丰富语言、提高语言表达的教学目的。

其次,谈话情境应生动有趣。具体来说,教师可以通过墙饰、图片、挂饰等物品及形式,来给幼儿以生动形象的视觉体验,启发幼儿谈话的兴趣和思路;教师还可以通过语言讲述,提问题来唤起幼儿记忆,激发幼儿的参与兴趣;教师也可以通过游戏的方式来创设谈话情境,以引起幼儿的关注,进而引出话题。

需要特别指出的是,在学前儿童的谈话活动中,教师是引导者、启发者,不能在谈话中占据语言表达的主体地位,而应该让学前儿童作为主动表达者。教师应学会与学前儿童平等对话,并在谈话过程中通过目光、手势和语言来传递听的感受,及时给予幼儿倾听反馈,鼓励幼儿积极主动地自由表达。

(三)围绕话题,自由交谈

学前儿童谈话的内容可以是多种多样的,但无论什么样的谈话主题,都应该做到教学活动中引导幼儿自由表达。具体应做到以下两点。

第一,做到"一个围绕",教师指导幼儿围绕话题大胆交谈。

第二,做到"两个自由",具体是指交谈内容、交谈对象的自由。

在学前儿童谈话活动中,只要幼儿的表达与交流内容围绕话题即可,教师不必进行过度的干预。交谈中,幼儿可以和老师交谈,也可以和同伴交谈;交谈者可以是一个,也可以是多个;幼儿在交谈过程中还可以随意地转换交谈对象,教师不必限制。

在幼儿交谈过程中,教师在坚持"交谈对象自由选择"的原则时,要有意识地将语言能力较差和语言能力较强的幼儿安排在一起,对于不同语言发展水平的幼儿应给予他们充分的鼓励,提高幼儿的听与说的自信心,以促进所有幼儿均能有所发展。

（四）围绕话题，拓展交谈

"围绕话题，拓展交谈"是学前儿童谈话活动设计的关键环节。在学前儿童的谈话过程中，幼儿大都会利用已有的经验进行交流，在幼儿自由愉快的交谈后，教师要适时地将幼儿集中起来，帮助儿童学习新的谈话技能和谈话规则。

幼儿谈话活动中，教师可以通过语言示范来展示新的语言交往技能，也可以通过非语言的形式如眼神、表情和动作等鼓励和引导幼儿表达。

此外，教师还可以通过隐形示范向幼儿提供谈话范例，给儿童提供模仿的样板，帮助幼儿掌握新的谈话技巧，提高幼儿谈话水平。

二、学前儿童讲述活动设计

（一）观察、感知与理解讲述对象

在讲述活动开始之前，为了让幼儿"有话可讲"，教师应准备好合适的"讲述对象"让幼儿观察、感知与理解。

具体来说，教师应主动向幼儿提供和展示图片、实物、情景表演等，引导幼儿仔细观察，通过多感官（视觉、听觉、触觉、味觉、嗅觉等）收集有效信息，作为接下来讲述环节的语言素材。

指导幼儿观察、感知、理解讲述对象，为接下来的讲述活动打好基础。

（二）提出要求，自由讲述

在幼儿自由讲述活动正式开始之前，教师要向幼儿交代清楚讲述的要求（如声音洪亮、站姿大方、尽量不卡顿）。鼓励幼儿随意讲述，不必注重主题，让幼儿按照自己的想象组织语言。

教师指导幼儿运用已有的经验进行自由讲述，在幼儿讲述时，教师应尽量减少不必要的干预，给幼儿充足的时间，尽量做到让每一个幼儿都能自由表达、能尽量多地进行"语言输出"。

在幼儿讲述过程中，教师应注意聆听，了解每一个幼儿的讲述水平，倾听幼儿的讲述内容，及时发现幼儿讲述的"闪光点"及问题。

（三）观察、照顾好倾听者

针对学前儿童的讲述活动设计执行，教师应充分考虑到"讲述者少，

倾听者多"的教学实际情况,注意观察幼儿的反应,及时调整几个人讲多数人听的被动单调局面,提高幼儿参与活动的积极性。

针对讲述过程中处于倾听状态的幼儿,教师应帮助幼儿学会倾听,并注重引导倾听幼儿与讲述幼儿的互动,包括语言、表情、眼神、动作等的互动。

(四)引进新的讲述经验

教师根据本次课的教学活动目标要求,帮助幼儿积累新的讲述经验,引导幼儿注意讲述主题,围绕主题进行想象。

教师在示范新的讲述经验时,应帮助幼儿厘清讲述思路,增加讲述的条理性,同时,还要帮助幼儿总结、理顺讲述的基本要素及其之间的关系,从而帮助幼儿有条理地完成讲述。

在幼儿讲述过程中,遇到关键性词语表达困难时,教师应及时给予提醒和指导,以帮助幼儿掌握必要的讲述用词句、语调和情绪。

(五)巩固迁移新的讲述经验

在幼儿讲述活动完成之后,教师应及时肯定幼儿,鼓励幼儿,表扬幼儿整体表现的闪光点,并指出哪些问题需要注意和改进,在此基础上,通过隐性或显性的示范归纳方法向幼儿展示新的讲述经验,例如,让幼儿用同一思路及方法说一说别的内容,使幼儿的讲述经验和能力得到巩固与提高。

三、学前儿童听说活动设计

(一)创设情境,引发兴趣

学前儿童听说活动主要是以游戏的形式开展。在听说游戏活动开始前,教师应先合理创设游戏情境,以引发幼儿的游戏参与兴趣,具体可以结合教学要求与幼儿需求,采取以下方式创设听说活动情境。

1. 利用物品创设游戏情境

教师使用一些与听说活动有关的物品,例如玩具、日用品等,通过实物的展示和操作向幼儿展示游戏的过程,将游戏的情境充分展现给幼儿,吸引幼儿注意力,使他们产生好奇心,乐意探索和参与游戏。

第六章 学前儿童语言教育活动设计探究

2. 利用动作创设游戏情境

如果教学中缺乏实物或者实物不好随机收集,教师可以采用动作表演的形式,让幼儿想象听说活动游戏中的角色和场所。当然,这一方法适合幼儿园中班和大班的小朋友,因为他们会有更丰富的生活经验。

3. 利用语言创设游戏情境

教师通过自己所说的话,营造游戏气氛,可以直接用语言描述或指出游戏中角色或环境,引导幼儿进入角色。如对小朋友说:"春天到了,小蜜蜂要去采花蜜,请小朋友把头饰戴起来,看看哪只小蜜蜂采的花蜜最多!"

相较于其他语言教学活动,听说游戏中,幼儿容易出现过度兴奋,导致秩序混乱的情况,教师应在为幼儿创设轻松自由的语言学习环境的同时,做好游戏组织者和引导者的工作,解决好教师的主导性和幼儿自主性之间的矛盾。

听说互动过程中,教师还要鼓励并吸引幼儿与教师、同伴交流,满足幼儿语言交往的需要,并及时给予幼儿回应和指导。

(二)讲解规则,明确玩法

在创设游戏情境之后,教师应向幼儿讲解清楚游戏规则,或通过讲解和示范相结合的教学方法,引导幼儿完全理解游戏规则,并知道要按照游戏规则进行活动。

针对不同年龄阶段的幼儿,教师应采取幼儿熟悉的方法和语言来帮助幼儿更好地理解具体的游戏规则。应做到以下几点。

(1)口头讲解游戏规则。
(2)用简洁明了的语言讲解。
(3)讲清楚游戏规则的要点。
(4)讲明游戏的开展顺序。
(5)注意放慢讲解的语速。
(6)参考年龄阶段目标制订游戏规则。
(7)规则要易懂、易记、易操作,让幼儿通过努力一定能完成任务。

(三)教师指导儿童游戏

交代游戏规则之后,教师指导儿童游戏,以便幼儿在活动过程中熟悉游戏规则,进一步明确游戏的玩法。

必要时,教师应进行示范,以更好地帮助幼儿了解整个游戏的过程与各个环节,为幼儿独立游戏奠定基础。

(四)儿童自主游戏

教师在做好教学活动的前几个教学环境准备和完成活动设计之后,应根据幼儿对游戏的熟悉程度,选择适当的时机,放手让幼儿自己开展活动。

在幼儿的听说活动中,教师应做好以下工作。

(1)观察与指导:对个别不熟悉规则的幼儿及时地指导和点拨。

(2)维持活动秩序:幼儿游戏过程中出现矛盾与纠纷时及时解决,以确保教学活动顺利开展。

(3)激励幼儿:在幼儿活动过程中,幼儿会想要得到教师的表扬而努力完成游戏活动,教师应对幼儿的表现进行及时鼓励,如利用点头、微笑以及拍手等鼓励幼儿,使幼儿能积极愉快地完成游戏。

(4)选择恰当的自主游戏形式:采用何种活动形式,取决于幼儿参与活动的方式方法。如组织幼儿集体活动、分组活动、一对一结伴活动等。

四、学前儿童文学教育活动设计

学前儿童文学教育活动包括文学欣赏和文学创造两种形式,这两种形式的活动设计分别如下。

(一)文学欣赏活动设计

1. 文学作品的感知

文学作品的欣赏需要建立在感知文学作品的基础上,由于学前儿童的认知和理解等水平有限,因此,教师应采用多样化的教学方式方法帮助幼儿理解文学作品,具体可采用如下方法。

(1)录音和录像播放:将幼儿文学作品直观地呈现给幼儿,在幼儿头脑中形成知觉表象,唤起幼儿的情感体验和情感反应。

(2)讲述和朗诵:通过直接的讲述和朗诵,让幼儿感知文学作品的美。

(3)如果作品知识性强,幼儿理解困难,可以借助图书或者图片增强幼儿的感性认识,帮助幼儿感知。

2. 文学作品的理解

幼儿文学作品的表现手法是多种多样的,其所描述的文学形象也十分多彩,教师应通过形象解释和启发提问等方式帮助幼儿理解文学作品的内容、思想情感。需要注意的是,提问时不能过于抽象。

3. 文学作品的表达与体验

教师组织幼儿表达与体验文学作品中的角色情感,可以结合音乐活动,播放与文学活动相关的音乐,还可以将文学活动和美术活动相结合,利用绘画、剪贴等美工形式,表现文学作品的内容,加深幼儿的理解与体验。

(二)文学创作活动设计

1. 复述故事和朗诵诗歌

复述故事和朗诵诗歌是幼儿在感受文学作品的基础上对文学作品的语言再现。

教师在幼儿文学创作活动设计中,对于复述文学作品内容的选择,注意篇幅不宜过长,要选择结构工整,通俗易懂,语言优美,情节有适当反复的作品。

幼儿复述过程中,教师应重视对幼儿语言的语音、语调、音量、语气、韵律和节奏的把握与调整,避免背书式的机械重复,要富有感情。

复述后,可以让幼儿相互模仿、评议,共同提高。

2. 仿编、续编和创编故事

幼儿欣赏文学作品、复述文学作品都是文学知识的"输入"过程,最终是为了提高幼儿的文学素养,使幼儿能进行文学"输出"。在文学欣赏、复述的基础上,教师可以引导幼儿围绕文学作品进行模仿和创造。具体有以下三种形式。

(1)仿编:仿照作品的原有结构和语言表达特点编出新内容的文学。教师可先进行示范性的仿编,教会幼儿学习仿编。

(2)续编:一般指故事续编,即教师讲故事的前半部分,幼儿根据线索编出故事的后半部分。引导幼儿进行续编,教师应在故事前半部分埋有伏笔,为幼儿提供续编的线索。

(3)创编:幼儿运用已经积累的大量知识经验进行文学创作。创编既可以是幼儿的口头创编,也可以是故事图画创编。幼儿创编过程中,教师应避免指向性的提示,尽量让幼儿自由发挥想象。

五、学前儿童早期阅读活动设计

(一)阅读准备

学前儿童的早期阅读准备主要包括以下几个方面内容。
(1)进行前期经验的了解和铺垫,包括幼儿的知识准备。
(2)让幼儿对阅读内容有一个大概的了解,不能让幼儿熟读图书内容。
(3)让幼儿从头到尾翻看图书一两遍,或边看边讲述。
(4)对幼儿理解不正确的地方,教师可以给予提示。

(二)创设阅读环境

阅读的环境应该安静,光线充足,但不刺眼。可通过各种感官刺激,为幼儿营造一个良好舒适的阅读环境,如设置班级图书馆、阅览中心,在活动区域内摆放好阅读材料,如图片、绘本、拼图等,让幼儿自由阅读、探索。

(三)幼儿自由阅读

在这一教学环节设计中,教师应注意以下几点。
(1)幼儿的人数不宜过多,以班级人数的一半以下为宜,便于教师个别指导。
(2)教师用提问方式引导儿童的思路,使幼儿能带着问题边思考边阅读。
(3)教师巡回指导时,注意观察幼儿表现。

(四)师生共同阅读

(1)师生一起阅读,了解并理解图书的大致内容。
(2)围绕阅读重点开展活动。
(3)归纳图书内容。

(五)儿童讲述

鼓励和引导幼儿有条理地、大胆地将所理解的图书内容以口头语言的形式表达出来,这是学前幼儿阅读活动设计的一个重要环节。在具体的教学活动操作中,幼儿可以分组讲述,也可以在集体中讲述。

在讲述文学作品过程中,只要幼儿将主要内容讲述出来就可以了,不必对具体字句苛求。此外,教师还应鼓励幼儿大胆想象,增加与作品情节相关的内容。

第三节　学前儿童语言教育活动设计案例

一、学前儿童谈话活动设计

(一)案例一:我喜欢吃的水果

1. 教学对象

小班幼儿。

2. 活动目标

(1)引导幼儿养成倾听的习惯。
(2)帮助幼儿学习安静倾听。
(3)使幼儿懂得吃水果有助于身体健康。

3. 活动准备

(1)每人带一种自己爱吃的水果。
(2)另买一些水果,切成块状,插上牙签,用盘子装好。

4. 活动过程

(1)创设情境,引出谈话话题
①请幼儿品尝水果,引起幼儿兴趣。
②教师提问:"水果好吃吗?你们喜欢吃水果吗?"
③让幼儿把自己带来的水果拿在手上。
(2)引导幼儿围绕"水果"自由交谈
①教师提问:
　A."你喜欢吃什么水果?"
　B."你带来的水果叫什么名字?"
　C."是什么颜色、什么形状的?"

D."有什么味道?"
②幼儿手拿水果与旁边的小朋友自由交谈。
③教师巡回参与谈话,提醒幼儿安静倾听,等别人讲完后自己再讲。
④如果幼儿跑题,及时将谈话内容带回到"水果"上。
(3)引导幼儿拓展谈话范围
①集体谈论"水果"
请幼儿在集体面前介绍自己带来的水果,要求声音响亮。
②教师提问引出新话题
A.教师提问:"你还吃过哪些水果?吃水果有什么好处?"
B.鼓励幼儿围绕新话题思考自己的谈话内容。
C.给幼儿提供一定的谈话经验。
D.注意提醒幼儿用普通话谈论。
(4)小结
教师小结,使幼儿懂得吃水果有助于身体健康。

(二)案例二:我去旅游了

1.教育对象

大班幼儿。

2.教学背景

在法定假期,如十一假期、春节假期之后,充分利用幼儿生活中的教育机会,让幼儿带着自己的旅游照片给同伴讲解分享。

3.活动目标

(1)让幼儿积极参与谈话,能用连贯语句表达经历。
(2)要求幼儿注意倾听,积累谈话经验。
(3)在回忆性谈话中萌发爱家乡、爱祖国美丽山河的情感。

4.活动准备

(1)让幼儿将旅游照片、纪念品和土特产等带到幼儿园。
(2)准备一些著名的旅游景点图片。
(3)布置旅游物品展览区。

5.活动过程

(1)创设情境,引出话题
情境引入,提高幼儿谈话的积极性,启发幼儿的话题经验联想。例如:

教师:"今天,我们班要办一个展览会。谁能告诉我这是一个怎样的展览会?"

教师:"国庆假期期间,有很多小朋友外出旅游了,带回来许多照片和当地的土特产,现在就请你们讲一讲旅游中的事情。"

(2)幼儿自由结伴,围绕话题展开交流

让幼儿围绕话题谈谈自己在旅游时的感受,幼儿之间相互积累谈话经验。这一过程中,教师可以提出问题,深入引导幼儿发表感想、感受。

(3)活动延伸

①让幼儿回家后给父母讲述在幼儿园发生的有趣事情。

②让幼儿思考外出旅游应该带上哪些物品,注意哪些事情。

二、学前儿童讲述活动设计

(一)案例一:粉红色的雨靴

1. 教育对象

大班幼儿。

2. 活动目标

(1)引导幼儿合理想象。

(2)要求幼儿完整连贯讲述。

(3)引导幼儿助人为乐。

3. 活动准备

(1)教学挂图《粉红色的雨靴》。

(2)一双雨靴。

4. 活动过程

(1)感知理解讲述对象

①出示一双雨靴,教师提问:

A."小朋友们说说雨靴像什么?雨靴的作用是什么?"

B."如果把雨靴给小蚂蚁,蚂蚁可以做什么?"

C."如果把雨靴送给小鸟,小鸟可以做什么?"

②出示挂图,教师提问:

A."下雨天,小白兔穿着什么出去了?"

B."小白兔遇见了谁?小蚂蚁为什么哭?小白兔是怎样帮助它的?"

C."小白兔又遇见了谁？鸟妈妈为什么哭？小白兔是怎样帮助它的？"
D."小白兔帮助了这么多小动物，它的心情是怎么样的呢？"

（2）幼儿运用已有经验讲述

请个别小朋友在集体面前讲述，并给予表扬。如果讲述中出现问题，教师适时指导。

（3）引进新的讲述经验

教师完整讲述，要求小朋友按照教师的思路和方法讲一遍。

请个别小朋友在集体面前讲述，并给予表扬。

（4）迁移新的讲述经验

教师提醒幼儿思考小白兔还可以用雨靴去帮助谁，怎样帮助，小朋友们应该怎样向小白兔学习呢？

教师总结，培养小朋友们助人为乐的意识。

（二）案例二：假如动物穿上衣服

1. 教学对象

中班幼儿。

2. 教材背景简介

《动物绝对不应该穿衣服》是一则著名的绘本故事，作者为美国的一对作家夫妇茱蒂·巴瑞特和罗恩·巴瑞特。该绘本告诉孩子为什么动物天生的衣服最完美，绘本故事图文并茂，生动有趣，引入我国后于2008年由上海人民美术出版社出版，于2019年由长江少年儿童出版社出版。

3. 活动目标

（1）仔细观察图片，大胆讲述动物穿衣服后遇到的各种尴尬情况。
（2）结合经验描述动物的外部特征和习性。
（3）对"动物是否需要穿衣服"进行积极讨论，并发表自己的想法。
（4）体验绘本所表达的幽默，知道动物天生的衣服是最美的。

4. 活动准备

绘本，绘本PPT或绘本插页相关图片。

5. 活动过程

（1）导入

①小朋友们今天都穿了什么漂亮的衣服来幼儿园？
②说说其他小朋友的衣服。

③教师提问:"人类需要穿衣服,那动物需要穿衣服吗？为什么？"
④教师提问:"如果给动物们穿上衣服会怎么样呢？"
⑤教师提问:"动物会喜欢小朋友们给它们挑选的衣服吗？为什么？"

（2）看图讲述
①观察母鸡图片
教师提问：
A．"母鸡穿了什么？"
B．"可是……"
C．"为什么会出现这样尴尬的事？"
D．请你用完整的话把这件事说一说。（给母鸡穿上衣服后……）
E．"你觉得母鸡适合穿衣服吗？"
②观看长颈鹿图片
教师提问：
A．"这是谁？"
B．"它穿衣服合适吗？为什么？"
C．"给长颈鹿穿衣服后,发生了什么事情？"
D．"长颈鹿为什么要系这么多条领带呢？"
③观看麋鹿图片
教师提问：
A．"小朋友们认识这个动物吗？"
B．"麋鹿遇到了什么麻烦吗？为什么？"
C．"麋鹿会喜欢它的衣服吗？"
D．"哪位小朋友愿意来讲一讲这张图片上发生了什么事情？"
④观看蛇图片
教师提问：
A．"看,蛇穿上裤子了吗？为什么？"
B．"假如蛇穿上衣服,会发生什么事呢？"
C．"那蛇适合穿上衣服吗？为什么？"
⑤观看刺猬图片
教师提问：
A．"这是什么动物？它有什么特点？"
B．"它穿上衣服发生了什么事情？"
C．"刺猬适合穿衣服吗？为什么？"

⑥观看图片×××

教师提问：

A."××××××××××"

B."××××××××××"

C."××××××××××"

……

（3）教师总结

母鸡要下蛋，穿了衣服会很尴尬；蛇的身体细细长长的，穿不上裤子，而且穿上裤子就不能走路了……

（4）深入讨论

①幼儿分组，就给母鸡、长颈鹿、麋鹿、蛇等动物穿衣服的可行性进行讨论。

②幼儿交流自己的观点和理由。

（5）完整阅读绘本

结合PPT演示，引导幼儿集体阅读绘本。

（6）讨论

你觉得动物应不应该穿衣服？为什么？

三、学前儿童听说活动设计

（一）案例一：送南瓜

1. 教育对象

中班幼儿。

2. 活动目标

（1）帮助幼儿区别并练习发出"n""l"两个音。

（2）要求幼儿理解简单的游戏规则。

（3）使幼儿学会礼貌用语"您"与"您好"。

（4）鼓励幼儿大胆参与游戏活动。

3. 活动准备

（1）拐杖、围裙、头巾。

（2）南瓜教具若干，篮子3~5个。

4. 活动过程

（1）设置游戏情境

教师扮作老奶奶，扎头巾，系围裙，拿着拐杖，面向全体幼儿问好。如：

老奶奶说："小朋友们好！"幼儿答："奶奶好！"

老奶奶说："××小朋友好！"个别幼儿答："奶奶好！"

帮助幼儿练习发准"奶奶"的字音，并会跟年长的人打招呼说"您好"。

老奶奶说："我年纪大了，做事不灵活了，我想请小朋友把种在地里的南瓜送到我家，好吗？"激发幼儿乐于助人的热情。

（2）讲解游戏规则

教师向幼儿介绍游戏规则和游戏过程。

①幼儿手拿篮子，边念儿歌边走。

②儿歌念完后，必须站在某一个幼儿面前，将篮子交给他。

③交换位置后，游戏继续。

④听到"老奶奶来了"的声音后，幼儿将篮子送给老奶奶，并大声说："老奶奶您好！这是您的南瓜。"

（3）教师参与并引导幼儿游戏

①教师带领幼儿学习游戏儿歌，帮助幼儿发音。

②教师装扮成小朋友，边念儿歌边送南瓜，将篮子送给一位表达能力较强的幼儿。

③开展游戏2～3轮后，教师发出指令，幼儿听到指令后将南瓜送给老师。

（4）幼儿自主游戏

①请3～5名幼儿，一位幼儿扮作老奶奶，其他幼儿负责送南瓜。

②小朋友边念儿歌边送篮子。交换位置后坐下。

③轮换几个幼儿后，教师说："奶奶来了！"扮奶奶的幼儿走上台来。拿着篮子的幼儿说："老奶奶，您好！这是您的南瓜！"并将篮子给老奶奶，老奶奶说"谢谢你"。

④另请3～5名幼儿，游戏重新开始。

5. 活动延伸

启发幼儿互相交换送的东西，送的东西变换时，儿歌也应做相应的变动，丰富游戏内容、丰富幼儿发音。

附儿歌：

送南瓜

小篮子，
手中拿。
我给奶奶送南瓜，
奶奶乐得笑哈哈。

（二）案例二：猜莲子

1. 教育对象

中班幼儿。

2. 活动目标

（1）学习使用连贯语句来描述人物特征。
（2）注意倾听。
（3）学会遵守游戏规则。

3. 活动准备

莲蓬一只。

4. 活动过程

（1）创设游戏情境
①所有人围坐成半圆形，增加师生亲切感。
②老师出示莲蓬，剥出莲子介绍，并说："请小朋友扮演池塘里的泥，老师把这颗莲子种到池塘里，大家一起玩一个种莲子的游戏。"
（2）讲解游戏规则
①扮泥的小朋友必须将眼睛闭上，等儿歌念完后才能睁开。
②种莲子的人将莲子放在一个小朋友的手里，并描述这个小朋友的特征，请大家猜。
③有莲子的小朋友说出自己的特征。
（3）教师引导幼儿游戏
①小朋友们围坐，闭上眼睛，手背身后，手掌向上，方便接莲子。
②游戏开始，大家念儿歌，教师把莲子悄悄放入一个孩子手中。
③儿歌结束，教师走到中央，描述这个孩子的特征，请孩子们猜。
④有莲子的小朋友走到中央描述自己的特征。

（4）幼儿自主游戏

请第一个猜对的孩子来种莲子，如此反复，请小朋友描述特征、复述特征，由有莲子的小朋友种莲子。

附儿歌：

种莲子

种莲子，种莲子，
不知莲子种哪家。
东一家，西一家，
到了明年就开花。

四、学前儿童文学活动设计

（一）案例一：童话故事《国王生病了》

1. 教学对象

大班幼儿。

2. 活动目标

（1）体验故事的诙谐有趣。
（2）想象故事情节和续编故事结尾。
（3）理解故事内容并大胆讲述。

3. 活动准备

幻灯片课件《国王生病了》。

4. 活动过程

（1）展示幻灯片，导入活动

指导语：有一个国王生病了，医生给他开了一张处方（幼儿已知道什么是处方）。请你们猜猜看，这张处方上面写了什么？

①逐幅观察幻灯片，猜内容

指导语：请你们看一看，国王在星期一、星期二……都在做什么？（引导幼儿充分表达）他是照医生开的"处方"去做的吗？国王的病好了吗？为什么？

②播放课件

指导语:为什么国王的病没有好,而其他人却病倒了?

(2)操作活动

①引导幼儿观察表格(运动记录表),判断国王每天是不是按"处方"做了,根据画面内容打"√"。

②引导幼儿想象故事结尾。

③讨论:你觉得国王的病后来治好了吗?为什么?

附童话故事:

国王生病了

从前,有一位国王生病了。他整天躺在床上,什么事都不想做,也不能管理国家大事了。

大臣们都很着急,请来有名的医生,医生给国王做了检查,说:"尊敬的国王,您的运动太少了,所以觉得不舒服。只要多多运动,很快就会好起来的。"然后,医生给国王制订了一个运动计划:

星期一——爬山。

星期二——骑马。

星期三——游泳。

星期四——打球。

星期五——慢跑。

星期六——做体操。

星期天——休息。

新的一周来临了。

星期一,大王子陪国王去爬山,国王坐在轿子里,侍从们抬着国王爬呀爬,终于到了山顶,国王在轿子里说:"山上的风景真美呀,我们下山去,再爬一遍吧!"

星期二,二王子陪国王去骑马,国王坐在轿子里说:"马儿跑步的样子真好看,你再多骑几趟吧!"

星期三,三王子陪国王去游泳,国王坐在轿子里对三王子说:"游泳好像很舒服呀,你游到天黑再回家吧。"

星期四,大臣们陪国王打球。国王又说了:"这个游戏看起来挺有趣的。你们再玩一遍,再玩一遍。"

星期五,大臣们陪国王去慢跑。大臣们跑了一圈又一圈。

星期六,皇后陪国王做体操。皇后做了一遍又一遍。

第六章 学前儿童语言教育活动设计探究

星期天,大家终于可以休息一天了!

就这样过了一个月,国王的身体并没有好起来,其他人都病倒了,国王就把医生叫过来问,医生听了说:"国王,您总坐在轿子里,身体根本没有动,其他人是运动太多,累倒了。"

于是,国王把轿子留在皇宫里,和大家一起去爬山、骑马、游泳……

过了不久,国王的身体真的变好了,每天都能精力充沛地处理国家大事了。

(二)案例二:绘本《小绿狼》

1. 教育对象

大班幼儿。

2. 教材背景简介

《小绿狼》是由法国作家勒内·葛舒(文)、爱瑞克·盖斯德(图)创作的童话故事,讲述一只天生是绿色的狼,为了变成灰狼几经努力,到最后决定认同和接纳自己的故事。该故事引入我国后,于2007年由李英华翻译、经湖北美术出版社出版。

3. 活动目标

(1)理解故事内容,大胆猜想。
(2)找到自己与众不同的地方,并愿意展示自己。
(3)肯定自己,提高自信。

4. 活动准备

小绿狼的图片,绘本《小绿狼》PPT。

5. 活动过程

(1)展示图片,引起幼儿兴趣
教师提问:
①"他是谁?"
②"他是灰色的狼吗?"
(2)出示绘本《小绿狼》和 PPT
①出示图片,教师讲述故事,提问:
A."灰狼看见小绿狼会说些什么呢?"

B. "你觉得灰狼们会带小绿狼参加足球赛吗？为什么？"
C. "小绿狼怎么了？"
D. "他为什么感到难过呢？"
E. "嘲笑是什么意思？"
F. "与众不同是什么意思？"
G. "你有什么与众不同的地方呢？"

②继续欣赏故事，感受小绿狼变自信的过程

A. 教师边讲述故事、边逐页翻出图画。提问：
a. "小绿狼想到了什么办法？这些方法有用吗？"
b. "小绿狼让仙女帮助他做什么？"
c. "仙女把小绿狼变成了什么？"
d. "最后小绿狼还想变成小灰狼吗？"
B. 展示最后两页图画。提问："如果小绿狼参加这次捉迷藏活动，他会胜利吗？为什么？"

③小结

小绿狼赢得了捉迷藏的游戏机会，他不再为自己的这身绿衣服而感到伤心难过，他自信满满地生活在灰狼中间。

小朋友们感到快乐吗？你们有什么与众不同的地方呢？

五、学前儿童早期阅读活动设计

（一）案例一：《老鼠娶新娘》绘本阅读

1. 教育对象

大班幼儿。

2. 活动目标

（1）体验民俗，探知事物的循环往复。
（2）自信表达自己的长处，欣赏同伴的长处。

3. 活动准备

（1）太阳、云、风、墙、老鼠的图片。
（2）汉字卡片：照、遮、吹、挡。

4.活动过程

（1）兴趣导入

①欣赏唢呐演奏的音乐《过新年喜洋洋》。

教师："听了这段音乐,你觉得大家在做什么呢？"

教师："放这样的音乐,一定是有什么喜事发生。会发生什么事？"

②引发对故事的想象(展示花轿)。

教师："这是什么,它是做什么用的？"

教师："它是给谁坐呢？"

教师："新娘是老鼠美叮当,她想找个世界上最强大的新郎,她找到了……（展示太阳、乌云、墙、风、老鼠、猫的图片）小朋友们猜猜美叮当会选谁做新郎？"

（2）欣赏理解

①边欣赏幻灯片,边听故事。

②理解事物之间强与弱的对应关系。

③讨论：你有没有最强的地方？鼓励幼儿自信地说出自己最强的地方,并请幼儿记住自己朋友的长处。

（3）游戏感受

①讲述故事结尾

瞧,大小老鼠都来帮忙啦,大家搬嫁妆,喝喜酒,参加晚会,都很开心。

②游戏：抬花轿

小朋友们几人一组围成小圈,步调一致前进。

附童谣：

老鼠娶新娘

老鼠女儿美叮当,想找女婿比猫强,
太阳最强嫁太阳,太阳不行嫁给云,
云不行,嫁给风,风不行,嫁给墙,
墙不行？想一想,还是嫁给老鼠郎。

（二）案例二：散文诗《春天》阅读

1.教学对象

大班幼儿。

2. 活动目标

（1）使幼儿乐于与同伴交流。

（2）提高幼儿倾听的能力。

（3）提高幼儿补充讲述的能力。

（4）丰富幼儿有关春天的知识。

（5）引导幼儿尝试仿编句子和段落。

3. 活动准备

标志图：问好卡，娃娃脸，跑、跳、飞的形象图，五官、爱心卡通。

4. 活动过程

（1）展示有关春天的图片，幼儿观察。

（2）展示五官卡通图，教师提问，幼儿联想。

你看到了什么？

听到了什么？

闻到了什么？

感受到了什么？

（3）让幼儿谈一谈自己感受到的春天。

（4）教师引导幼儿学习诗歌（选择与诗歌内容相符的幼儿作品：卡通图标）。

5. 活动延伸

（1）有感情地、完整地朗诵诗歌。

（2）提供新的图片，鼓励幼儿仿编句子。

附散文诗：

春天

春天怎么来？

花开了，春天就从花朵里跑出来。

春天怎么来？

草绿了，春天就从绿色里跳出来。

春天怎么来？

我高兴了，春天就从我的心里飞出来。

第七章　学前儿童社会教育活动设计探究

学前儿童在幼儿园参加学习和游戏活动,是学前儿童接触家庭环境之外的社会环境的过程,学前儿童通过在幼儿园与老师相处、与同伴相处,与幼儿园其他工作人员以及与其他幼儿家长相处来拓展自己的社会活动,逐渐拓展交际,实现社会化发展。本章重点就学前儿童社会教育活动设计进行探索研究,以为学前儿童教育工作者开展学前儿童社会教育活动提供理论和实践指导。

第一节　学前儿童社会教育概述

一、学前儿童的社会性发展概述

(一)社会性与人的社会性发展

社会性,也称"社会化",指人们在社会交往过程中,建立人际关系,掌握和遵守社会行为准则以及控制自身行为的学习过程。[1]

任何人都不能脱离社会独自生活,对于任何一个个体来说,作为社会成员,都必然会具有社会性。社会性是个体为适应社会生活所表现出的心理和行为特征。

(二)学前儿童的社会性发展

儿童的社会性发展,又称"儿童的社会化",具体指儿童从一个自然人逐渐掌握社会的道德行为规范与社会行为技能,成长为一个社会人,融入社会的过程。

---

[1] 王坚.学前儿童心理健康教育[M].北京:北京师范大学出版社,2015.

学前儿童在与社会中的其他个体进行社交互动中,才能让自己的人格特质得到充分的发展和完善。正是在与社会、与社会中的人的不断交往过程中,学前儿童的社会适应能力、社会创造能力才不断得到锻炼与提高。

学前儿童的社会化时期是一个必经的发展过程,是儿童真正从家庭步入社会、接触社会的一个重要时期,儿童学前期是学前儿童社会化的关键时期,是学前儿童未来发展的关键年龄段。学前的社会性发展在人一生的社会性发展中占有极其重要的地位,是一个人未来人格发展的重要基础。学前儿童的大部分活动时间在幼儿园度过,学前儿童教育肩负着促进儿童社会化发展的重要教育责任。

二、学前儿童社会性发展的意义

(一)促进儿童的健全发展

学前儿童的健康发展是多方面的,不仅包括身体健康、心理健康,也包括社会性健康发展。社会性健康发展是学前儿童健康发展的重要组成部分。

学前儿童社会化的程度将会直接影响到其人格发展的质量。很多个人发展事例表明,学前儿童的社会性发展对其以后的身心健康发展有着重要的影响。

学前儿童的社会化是其全面发展的重要组成部分,不仅是学前儿童在当下健康发展的重要基础,也是学前儿童未来健康发展的重要基础。

现阶段,我国对学前儿童的社会性发展教育的重视程度还不够,很多父母会过多地关注学前儿童的知识掌握情况,而忽视学前儿童的社会性发展,这样做的结果是使得很多在学业上有较好成绩的"学霸"们,存在与人交往胆怯、孤僻、情商不高等问题,成为"书呆子",这更加突显出关注学前儿童的社会性健康发展的重要性。

(二)促进儿童教育的发展

现代教育提倡素质教育,新的教学理念与观点认为,让儿童"学会做人"的教育远比知识和智能教育重要,重视社会性教育已经成为现代教育观念转变的一个主要标志。

是否重视学生的社会性健康发展,是衡量现代教育成功与否的重要指标。要做好学前儿童教育工作,促进学前儿童教育事业的发展,就必须

第七章　学前儿童社会教育活动设计探究

要关注和重视学前儿童的社会性健康发展,通过引导教育促进学前儿童的社会性发展是现代学前儿童教育最重要的目标。

三、学前儿童社会性发展目标

(一)社会交往目标

1. 愿意与人交往

(1)3～4岁
①愿意和同伴玩耍。
②愿意与熟悉的长辈一起参与活动。
(2)4～5岁
①有固定的玩伴。
②喜欢与长辈交谈,愿意倾诉。
(3)5～6岁
①有好朋友,也愿意结交新朋友。
②愿意向他人请教。
③愿意分享自己的事情。

2. 能与同伴友好相处

(1)3～4岁
①想与其他人玩耍时,能提出请求。
②在成人指导下,不争抢。
③与同伴发生冲突,能听从他人的劝解。
(2)4～5岁
①会用介绍自己和交换玩具的方法加入到其他小朋友的游戏中。
②能对喜欢的东西进行分析。
③与同伴发生冲突,能在他人指导下和平解决。
④愿意接受同伴的意见。
⑤不仗势欺人。
(3)5～6岁
①会想办法吸引同伴和自己一起玩游戏。
②活动中会分工合作解决困难。
③与同伴发生冲突,能自己解决。
④能接受不同的意见,不能接受时会说明。

⑤不欺负他人,也不允许他人欺负自己。

3. 自尊、自信、自主

(1) 3～4岁

①能选择自己感兴趣的活动。

②为自己的好行为和成功高兴。

③自己能做的事情自己做。

④喜欢承担任务。

(2) 4～5岁

①能按照自己的想法活动。

②知道自己的优点和长处,接纳自己。

③自己的事情自己做,不依赖他人。

④敢于挑战一些小任务。

(3) 5～6岁

①能主动发起活动。

②做好事和成功后想要更好。

③自己的事情自己做,不会的愿意学。

④主动承担任务,不轻易求助。

⑤敢于坚持自己的与众不同(想法、特征)。

4. 关心和尊重他人

(1) 3～4岁

①能认真听。

②身边有人不舒服、不开心,能表示同情。

③在他人的提醒下能不打扰他人。

(2) 4～5岁

①会礼貌表达。

②能注意到他人的情绪,并共情。

③知道父母的职业,能体会父母的辛苦。

(3) 5～6岁

①能有礼貌地交往。

②能关注他人并提供帮助。

③尊重为大家提供服务的人,珍惜他们的劳动成果。

④尊重、接纳与自己有不同爱好、生活习惯的人。

（二）社会适应目标

1. 喜欢并适应集体生活

（1）3～4岁
①对群体活动感兴趣。
②对幼儿园好奇，喜欢上幼儿园。
（2）4～5岁
①愿意参加群体活动。
②愿意与家长一起参加社区活动。
（3）5～6岁
①在群体活动中感到快乐。
②向往小学生活。

2. 遵循社会基本规范

（1）3～4岁
①在提醒下能遵守游戏规则和公共秩序。
②知道未经允许不可以随便拿别人的东西，借别人的东西要归还。
（2）4～5岁
①能遵守规则。
②不私自拿他人的东西。
③知道说谎是不对的。
④知道接受了任务应该努力去完成它。
⑤节约粮食、水。
（3）5～6岁
①理解规则的意义，能在游戏中尝试制订游戏规则。
②爱护玩具、书本等物品。
③不说谎，勇于承认错误。
④能认真负责地完成具有一定挑战性的任务。
⑤爱护自然环境和公共设施。

3. 有归属感

（1）3～4岁
①知道家庭成员之间的关系。
②能感受到家庭的温暖，喜欢自己的家人。
③能说出家庭住址。

④认识国旗,知道国歌。
(2)4~5岁
①喜欢自己的幼儿园,喜欢自己的班级。
②能说出自己家所在的行政区域(省、市、县),知道自己家乡的特产和代表性景观。
③知道自己是中国人。
④升国旗、奏国歌时能站好。
(3)5~6岁
①有集体荣誉感,愿意为集体做事。
②听到他人夸自己的家乡感到非常开心。
③知道自己的民族,知道中国是一个多民族的大家庭。
④为自己是中国人而感到骄傲和自豪。

第二节　学前儿童社会教育活动的设计

一、学前儿童自我意识与认知教育活动设计

(一)多种方式,引出主题

学前儿童的社会性教育活动是渗透到幼儿生活方方面面的,结合社会教育的主题,教师可以采用多样化的教学方式方法,将教学的主题引入到课堂教学活动中来,以引起幼儿的兴趣。

具体来说,教师可以采用如下方法引入教育主题。

(1)教师唱相关的儿歌,开门见山地告知学前儿童本次活动究竟要做什么。

(2)通过观看图片、影片的方式生动形象地导入活动。

(3)通过讲故事的方式创设教学活动情境。

(4)通过组织幼儿实地参观某一社会环境,帮助幼儿自然进入到社会活动中。

(二)充分观察,认知对象

在该教育活动环节,需要教师做好活动组织工作,幼儿在参与社会性活动的过程中,教师应注意对不同幼儿的参与方式、参与程度等行为进行

仔细观察,必要时为幼儿提供指导和帮助。

教学活动中,教师应尽量为幼儿全面展示社会环境中的人、事、物,并鼓励幼儿去仔细地、全面地观察,教师要充分发挥观察的重要作用,让儿童在自己细致的观察中认识新的认知对象。

在学前儿童社会教育活动中,教师应充分认识到观察的重要性,幼儿观察获得的社会信息越多,就越能够为接下来活动的开展提供更多已有经验。幼儿在获得观察经验的过程中,不仅能充分了解所处的社会环境的外部信息,也有助于提升幼儿对自我在周围社会环境中的地位以及与周围社会环境的关系认知,还有助于更好地进行自我认知。

教师应针对不同年龄阶段的幼儿做好观察提示,帮助幼儿观察和感知。

(三)自由表达、交流体验

在创设了社会教育环境与幼儿获得了充足的社会环境观察及经验的基础上,教师接下来的教学设计任务就是要为学前儿童提供一个交流、讨论、对话的平台。

教学活动中,教师可以让幼儿将所见所闻的有趣的、印象深刻的事情进行交流与分享,尤其是对于社会环境中的个人良好行为和不好行为的描述,教师应将它们特别指出来,并适时地向幼儿发出提问和提示,让幼儿能认识到社会环境中的个人行为规范。

在教育关系上,教师与儿童是平等的。在学前儿童社会认知的过程中,对话是一种适宜的方式和途径。"课堂教学不是教师的独白,而应当是智慧的对话。"弗莱雷曾说:"没有了对话,就没有了交流,也就没有了真正的教育。"教师应与儿童共同参与学习、思考、探究、体验。教师与幼儿的对话中,应保持与学前儿童的平等对话,而不应该用成人的思维去限定儿童的想象。举例来说,在传统故事《铁杵磨针》的教学活动中,在欣赏故事之前,教师出示一根大铁棒的图片,问幼儿能不能把它磨成一根缝衣针,大班儿童中有一半以上的幼儿都回答"不可以",教师不要急于否定幼儿,故事讲完后,教师再次提出课前的问题,原来选择"不可以"的幼儿中的一部分幼儿选择了"可以",教师在幼儿第二次选择之后与幼儿开展交流与对话。分别询问不同幼儿选择的原因,并请幼儿想一想有没有更好的办法来帮助老奶奶实现"获得缝衣针"的需求。类似这样的社会教育活动魅力无穷,既保留与发扬了故事中的传统美德,又敢于打破传统故事中不合理的价值观,也改变了以往教师解说给出一个固定答案的教育弊端,让幼儿在对话、争论、思考和体验中获得更多的社会体验、社会认知和社会价值观。

（四）正确认知社会环境和社会规范

在这一环节设计过程中，教师总结教学活动中的对话与游戏中所获得的社会体验后，用符合时代要求的社会规范来引导儿童认知正确的社会道德与社会规范，帮助幼儿理解自己在社会环境、社会关系中所扮演的角色和所处的地位。

二、学前儿童社会交往与亲社会行为教育活动设计

（一）创设社会情境

要促进学前儿童的社会交往与亲社会行为的产生，首先要为学前儿童创造一个可能产生这些行为的社会环境。因此，创设必要的社会情境是教学的第一步，也是教学活动非常重要的一个环节，这一环节直接关系到幼儿之后的行为以及教学活动的顺利开展。

教师根据学前儿童社会性教育目标，在指导学前儿童参加日常活动、教育活动和游戏活动之前，要结合学前儿童的交往需求与特点为儿童创设同伴交往的条件，提供交往的机会，让儿童在实践中得到锻炼。

在教学实践中，教师可以采用以下几种方式创设社会交往情境，如朗诵诗歌、观看动画片、看图片、听故事、做游戏等，引发幼儿兴趣，让幼儿在轻松、友好、快乐的交往氛围中，积极与人交往，并表现出亲社会行为。

（二）学用交往技巧

社会交往需要幼儿自己去发现、探索，也离不开教师的指导。因此，教师向幼儿介绍人际交往技巧是非常重要的一个教学活动环节，通常可以采用以下两种方法。

（1）直接呈现法，指通过教师的语言、动作和行为示范，让幼儿直接接触人际交往技巧，如微笑、使用礼貌用语、使用礼貌的手势、做礼貌的行为等，最直观地感受到交往技巧，并感受使用交往技巧后的快乐与成就感。

（2）间接呈现法，具体是指在教学活动中，教师通过反面事例的列举，来帮助幼儿分辨哪一种行为是好的，哪一种行为的做法欠妥。

教师可以采用角色扮演法，如设计一些需要运用技巧的交往情境，让

第七章　学前儿童社会教育活动设计探究

幼儿分组或集体表演;在学习交往技巧后,组织幼儿讨论怎么使用、在哪些场合使用。

需要特别提醒的是,教师在教学活动中不应直接告诉幼儿哪些行为是错的,且对于具体行为不能仅用"好""不好""对""错"来评判,教师应该帮助幼儿认识到不同行为导致的结果的多面性,让幼儿自己去探索,然后对具体行为做出判断。教师应该允许幼儿有质疑,并鼓励幼儿亲自进行体验,这是人际交往教育活动的核心环节。

（三）教学活动延伸

学前儿童的社会性教育不应仅仅被限定在课堂中,而应渗透到幼儿的日常生活中。幼儿社会知识的丰富、社会交往的开展、亲社会行为的培养,都要在幼儿与同伴、成人、周围社会环境的相处实践中得到发展。因此,在教学活动结束后,对幼儿的社会性教育并没有结束,教师应重视教育教学的延伸。

对于教师来说,教师应正视家园共育的重要性,并把这种意识传递给每一位幼儿的家长。在教学活动的最后环节,教师可以给幼儿布置小任务,让幼儿将在幼儿园学到的交往技巧应用到日常生活中去。

具体来说,学前儿童亲社会行为的培养,需要家长和学校通力合作,做好以下工作。

（1）教师和家长要在日常生活中引导幼儿的交往行为与亲社会行为。对儿童表现出的良好社交表现、亲社会行为要及时给予鼓励,对不当之处应及时指正。

（2）教师和家长要在日常生活中为儿童创造共同活动的机会,促进儿童与其他人交往的积极性,并在与其他人事物的相处中促进和引发儿童的亲社会行为。

（3）教师和家长应利用平时的交流接触,借助生活情境、书画等方式向幼儿介绍与人交往的技巧。

（4）组织专门性的教育活动,对幼儿进行社会交往与亲社会行为训练。

三、学前儿童归属感教育活动设计

（一）设计倾向性与暗示性的活动环境

在学前儿童的归属感教育活动中,教师应有意识地设计有倾向性与暗示性的活动环境,让学前儿童对自己感兴趣的行业、社会规则、社会机构与场所有所了解,增加学前儿童对社会的认知,并在认知的基础上增强其对所生活环境的理解、认同和喜欢,培养儿童对社会生活大环境的亲切感和归属感。

(二)在教学活动设计中突出主题活动

在学前儿童的归属感教育活动中,目前,主要以主题教育活动为主,如爱国主题教育活动、民俗节庆主题活动、英雄人物故事分享会、班级和幼儿园运动会等。

通过主题教育活动的举办,能丰富幼儿的情感,增强学前幼儿热爱集体、热爱家乡、热爱自己的民族和祖国的情感。

教学中,教师可以通过以下方法来开展主题教育活动。

(1)情境讨论法:教师创设一种或多种社会情境,启发幼儿对情境中所出现的问题与现象大胆表达想法,并与教师和同伴交换观点和认识。

(2)陶冶熏陶法:教师利用环境条件、生活气氛及自身的言行举止,对幼儿进行积极感化、熏陶,使幼儿受到感染,从而形成良好行为。

(3)移情法:指一个人设身处地地站在别人的立场去思考问题,理解他人的情感、需要,产生某种情感共鸣。具体可以通过讲故事、续编故事、情境表演等方式,帮助幼儿理解和体验故事主人公的情感和心态。

(4)价值澄清法:纷繁复杂的现代社会中,各种做人的行为规范和准则可能与幼儿所见所闻有所背离,这种社会现象可能导致幼儿价值观混乱,只有通过对幼儿内心价值观的澄清,才能帮助其建立清晰的价值观。对幼儿来讲,价值观的建立需要外界不断刺激,再经过自己理解深化才能内化为自己的价值观。

"教育有法,但无定法。"不同的教育方法有不同的特点和作用,它们彼此相互配合、互相补充,教师应针对不同阶段幼儿的不同特点,灵活运用,促进幼儿的发展。

(三)营造宽容轻松的活动氛围

研究和实践均表明,轻松愉快的教学环境氛围,有助于学前儿童自我意识和个性的培养,促使他们更积极主动与自信地与他人和环境交往,形成正确的社会行为。因此,教学活动中,教师应该重视轻松愉快和宽容的活动氛围的营造。

在教学活动设计与组织实施中应注意以下几点。

第七章　学前儿童社会教育活动设计探究

（1）正确看待幼儿的"错误"认知与表现，应从学前儿童成长发展规律的角度来看待，有时候所谓的"错误"并非真正的错误。

（2）鼓励幼儿自由表达，建立良好的师生关系。

（3）有共情心，爱护和尊重幼儿的珍贵情感（感动、同情、自豪感等）。

四、学前儿童社会性发展的教学促进

（一）活动促进

学前儿童对外界人、事、物的认知是通过具体的事物和活动来进行的，在幼儿园生活中，学前儿童所参与的主要活动就是各种游戏，通过游戏的形式寓教于乐。

学前儿童在幼儿园内一切的生活内容，如上学、吃饭、睡觉、课程活动、自选活动、游戏、放学等都是与周围的事物、与班级中的同学和老师接触和互动。丰富多彩的社会活动有助于学前幼儿积极的社会性行为培养。

1. 游戏活动

整个社会是一个非常复杂的系统，每一个人都在社会中扮演着不同的社会角色，而在游戏过程中，学前儿童可以扮演不同的角色，体验不同角色的情感和生活。

幼儿园丰富多彩的教育教学游戏是学前儿童最主要的活动。在和其他小伙伴玩游戏的过程中，他们会更了解自己和他人的想法，也可以更好地调整自己的行为。

针对学前儿童的教学游戏应注意以下几点。

（1）为孩子们创造游戏条件。

（2）游戏活动需有针对性，针对不同的学前儿童应该设计不同的游戏。

（3）游戏活动应多样化，多样化的游戏会刺激学前儿童社会化的全面发展。

（4）组织丰富多彩的其他社会实践活动，如艺术欣赏、参观博物馆、逛公园等。

2. 日常行为规范

学前儿童的教育应渗透到日常行为中，不能仅仅局限在课堂固定时间的教学活动中。

作为学前教育工作者,教师应引导幼儿从入园开始就遵守园内的各种行为规范和标准,这些行为规范和标准是与整个社会的道德规范标准相符的,对于学前儿童来说,良好行为习惯的养成对其日后成长和融入社会意义重大。

幼儿园日常行为教育活动对幼儿的社会性发展促进如下。

(1)学前儿童进入幼儿园或离开幼儿园时,与老师和同学问好、再见。

(2)课程活动中,教师通过游戏或者活动组织教儿童学会分享,教会儿童如何处理与他人的关系。

(3)午睡的时候可以教导儿童不能轻易打扰他人休息,教会儿童理解他人。

(4)通过教学游戏活动培养儿童的独立性和自觉性,让他们学习如何与人交往。

(二)交往促进

学前儿童的社会性是在与他人的互动中逐渐形成的。有效运用交往策略可以为学前儿童赢得更多交往机会,以促进他们的社会性得到更好发展。

实践表明,学前儿童的社会交往行为与社会性发展有非常密切的关系。儿童的交往也需要一定的交往策略。社会交往无论是在家庭还是幼儿园环境中,父母和教师都应该关注儿童的与人交往情况,并结合每一个儿童的具体情况,引导他们掌握有效的交往技巧。

学前儿童的交往策略各不相同,差异明显。

(1)受欢迎型的学前儿童,交往策略多、策略更有效,与人交往时更主动、更独立。

(2)被拒绝型的学前儿童,交往策略较多,但策略的有效性比较差。

(3)被忽视型的学前儿童,交往策略较少,策略的主动性、独立性、有效性均较差。

教师引导学前儿童正确交往应注意以下几点。

(1)尊重他人。例如,学会倾听,不打断他人的话,不强迫他人。

(2)学会表达。例如,想加入小伙伴的游戏要主动询问,能主动向老师表述自己的情感。

(3)给学前儿童实践、练习的机会。

(4)教师在和学前儿童相处时,不要太过宽容和放纵,要动之以情、晓之以理。

（三）行为干预

攻击性行为是学前儿童社会性发展过程中的一种常见行为，具体指个体出于故意或以工具性为目的有意伤害（直接伤害和间接伤害）他人利益的行为。

不同阶段的儿童会或多或少地存在攻击性行为。常见的攻击性行为有打人、骂人、抓人、推人、踢人、咬人、抢别人的东西等。

儿童的攻击性行为，可分为以下两类。

敌意攻击——具有明显的、直接性的攻击意向的攻击行为，如一个孩子故意推另一个孩子。

工具性攻击——儿童为了一种目的而采取的攻击性措施，如一个孩子为了争夺玩具，而将另一个孩子推倒。

1. 幼儿产生攻击行为的诱因

（1）榜样

学前儿童正处于爱模仿的阶段，在日常生活中所观察到的一些攻击性行为会对其产生重要影响，导致攻击性行为多发。

当前，我国社会各界人士不断呼吁面向儿童的艺术作品的"非暴力"制作，一些针对儿童的动画片中，经常会出现暴力行为，过多地观看暴力行为会影响学前儿童对暴力的态度，可能导致他们产生这样的误区，即暴力是一种解决人际关系矛盾的有效方式，这种错误的示范无疑会增加儿童的攻击行为。

研究发现，看过攻击性行为的儿童和没看过的儿童相比较，前者更容易产生攻击性行为。班杜拉的一项实验充分说明了学前儿童的模仿行为与其所接收到的信息的密切关系。实验中，第一组儿童观看成人打骂、拳打、脚踢塑料娃娃；第二组孩子则观看成人心平气和地与塑料娃娃进行玩耍；随后，两组儿童分别与塑料娃娃玩耍，第一组儿童对塑料娃娃的攻击行为是第二组的 12 倍以上。

鉴于上述分析，我们提倡向儿童展示健康的画面内容，同时，在家庭和幼儿园环境中，应禁止当着儿童的面采取攻击性行为，这会对儿童的心理产生非常不良的影响。

（2）强化

教师和家长对儿童的健康成长具有重要的教育责任，如果儿童出现攻击性行为，教师和家长应及时进行正确的干预。

儿童攻击行为的强化列举如下。

①儿童出现攻击性行为时，如果教师不加以制止，任其自由发展，会强化攻击性行为。

②在儿童交往过程中，如果一个儿童用攻击性行为达到了自己的目的，其他儿童会模仿。

③一个儿童实施攻击行为，受攻击的儿童退缩、哭泣，可能导致实施攻击者的攻击行为强化。

④消极的关注（惩罚、批评）也会导致儿童的攻击行为得到强化，虽然在被批评的当时儿童有认错表现，但其内心并不认同家长和教师的批评，在以后与同伴出现冲突时，还会"报复性"地采取攻击性行为。

（3）挫折

研究发现，攻击性行为的产生和儿童的挫折体验密切相关。

诱发儿童攻击性行为产生的挫折是多方面的，更多的是儿童的爱和安全的需求无法得到满足，如当儿童犯错误时，成人对其他人说"不理他"，这会使孩子感到丢脸，倍感挫折，进而可能导致儿童表现出攻击性行为。

此外，研究还发现，当儿童被不公平对待时，也会产生攻击性行为。如当所有的孩子都有足够多有趣的玩具时，或者所有的孩子都没有玩具时，攻击性行为较少发生；而当一些孩子有玩具，另一些孩子没有玩具时，攻击性行为多发。因此，教师和家长应尽量关注到所有的孩子，公平对待每一个孩子。

2. 学前儿童攻击行为的教育干预

教师和家长应对儿童的攻击性行为进行认真分析、正确引导，这要求教师和家长应做到以下几点。

（1）理解儿童

理解是与学前儿童亲近的基础，是分析其行为产生的重要基础。教师和家长应该充分地去理解儿童，了解儿童发生攻击性行为的前因后果，允许儿童用不伤害他人的行为来合理宣泄攻击冲动。

（2）关注儿童

学前儿童正处于身心都需要教育引导发展的年龄，是需要呵护的年龄，学前儿童在与同伴和老师进行交往的过程中，可能会遇到其他同伴的一些拒绝和回避行为，而并非儿童自身拒绝社交，尤其是对于鼓足勇气去主动与人交往的儿童来说，这容易使他们产生心理失落感，会生气和不理解。

第七章　学前儿童社会教育活动设计探究

如果学前儿童不能与自己和解,就会产生各种各样的问题。在这种情况下非常容易产生攻击性行为。对此,教师和家长应该给予他们更多的关注、支持、理解和信任,同时,对交往被拒和拒绝交往的儿童进行帮助,引导他们积极与人交往。

（3）培养儿童的自控能力

对于成人来说,自控能力有高有低,但均能较为理性地实现自控,对于学前儿童来说,自控很难,但并非不可实现。学前儿童的自控能力,主要是其对自我情绪和行为的控制能力,良好的自控能力有助于儿童理性表达情绪与情感,但是应注意不要让孩子憋着,而要引导孩子合理表达,否则也会导致儿童的心理压力增大而产生各种问题。

教师在教学活动设计与实施过程中,应时刻重视对幼儿的自控能力与自我调节能力的引导,良好的自我控制能力可以增强幼儿抗拒诱惑的能力,有效地克服自发性攻击行为。

（4）培养儿童的移情能力

移情能力,指个体转移个人情感的能力。

学前儿童的移情能力需要教师和家长去引导和培养,可以通过角色扮演等游戏让孩子们学会换位思考。在理解学前儿童拥有攻击性行为的冲动时,正确引导学前儿童采取合理的方式排解负面情绪。

研究表明,学前儿童移情能力的提高,可以帮助幼儿正常地排解日常生活中的不良情绪,减少人际交往过程中对他人的伤害。

（5）创设避免冲突的环境

个体之间存在客观差异,每一个学前儿童都具有其自身的性格特点。因此,不同的学前儿童在人际交往过程中会存在各种不同的问题,尤其是沟通方面出现问题之后,就会产生冲突,对于还没有学会很好地与同伴相处的低年龄阶段的学前儿童来说,应提供有一定间隔的活动区域,防止学前儿童因空间拥挤而引起不必要的冲突和矛盾。

当然,不同幼儿园的教学条件不同,如果活动空间有限,较多的幼儿在同一个区域进行活动,应给予学前儿童充足的玩具数量,避免幼儿争抢,也避免因数量少而给儿童带来压迫感。此外,在儿童活动过程中,教师和家长应时刻关注儿童的情绪和行为,尽量避免学前儿童攻击性行为的发生。

3. 教育惩罚与惩罚攻击结果的教育干预

任何人,无论是在什么样的情况下,有攻击性的行为都是不对的。对于幼儿的一些攻击行为,可采取合理的惩罚手段进行干预,注意事项如下。

（1）惩罚要及时，要使学前儿童的攻击性行为及时得到纠正。
（2）惩罚时，应向孩子讲清楚错在哪里，应该怎么做。
（3）惩罚要针对具体的行为，要适度，就事论事。
（4）针对不同儿童采取不同的惩罚方式，要充分考虑儿童的心理承受能力。

需要特别说明的是，如果教师和家长经常对儿童进行惩罚，那么这种惩罚行为本身就是一种攻击性行为，这就给学前儿童做了错误示范。教师和家长对儿童的惩罚行为对不同的儿童有不同的影响。对于非攻击型儿童来说，惩罚行为可抑制儿童攻击性行为的继续产生；但是，对于攻击型儿童来说，惩罚行为可能会使其变本加厉。

实践表明，儿童的攻击性行为可导致儿童的不合群，直接影响学前儿童的道德发展，因此，如果儿童出现攻击性行为，应了解儿童攻击性行为产生的原因，然后再有针对性地开展教育。

如果家长放任孩子的攻击性行为不管，随着儿童年龄的增长，其会形成攻击性人格，此后就更难改，甚至有可能转化为犯罪行为。

教师和父母应正确看待和认识学前儿童的攻击性行为，对其进行奖惩严明的教育和引导，以帮助学前儿童树立正确的道德观念。

第三节　学前儿童社会教育活动设计案例

一、学前儿童自我意识与认知教育活动设计案例

（一）案例一：自我介绍

1. 教育对象

小班幼儿。

2. 活动目标

（1）学习自我介绍，培养幼儿主动与人交往的能力。
（2）主动大胆地介绍自己。
（3）启发幼儿大胆想象，培养幼儿的发散性思维能力。

3. 活动准备

（1）木偶娃娃1个，玩具电话2部。

第七章 学前儿童社会教育活动设计探究

（2）幼儿每人自制名片1张（有照片、姓名和年龄）。

4. 活动过程

（1）教师展示木偶娃娃，以"娃娃"的口吻进行自我介绍（示范）。

（2）"娃娃"想邀请好朋友来家里做客，请小朋友给自己打电话。

（3）幼儿给"娃娃"打电话介绍自己，表达想要做客的愿望。

（4）教师组织讨论，提出启发性问题，如小朋友们都在什么时候需要介绍自己。

（5）玩游戏：送名片。

鼓励幼儿主动寻找伙伴，自我介绍，互送名片。

5. 小结与活动延伸

（1）今天我们学会了一种认识朋友的新方法——介绍自己，介绍自己都需要告诉朋友自己的哪些信息呢（姓名、年龄、爱好……）

（2）请小朋友们把同伴的名片带回家介绍给爸爸妈妈。

（二）案例二：学扮爸爸妈妈

1. 教育对象

小班幼儿。

2. 活动目标

（1）区分爸爸妈妈的衣服、鞋子与其他用品。

（2）模仿爸爸妈妈的行为。

（3）关注并亲近爸爸妈妈。

3. 活动准备

（1）爸爸妈妈的不同用品的实物或图片。

（2）爸爸妈妈的画像。

（3）爸爸妈妈在家里做事的录像。

4. 活动过程

区分物品，辨别物品的主人。

（1）看一看，说一说

①将不同物品放在桌子上，教师一一展示并提问："看到了什么东西"？

②请小朋友们围观并说出物品名称。鼓励幼儿大胆说话。

（2）猜一猜，分一分

教师提问："小朋友都看谁用过这些东西？为什么要用？"

学前儿童：

"爸爸上班的时候会扎领带……"

"妈妈有一条非常漂亮的项链……"

"我过生日的时候点蜡烛，爸爸用打火机……"

"我爸爸上班背的包就是这种的……"

"电脑是爸爸的，不对，妈妈工作的时候也会用电脑……"

"妈妈的包包都很小，但是很漂亮……"

"漂亮裙子是妈妈的，爸爸不穿裙子……"

……

小朋友们对桌上的物品进行分类，将爸爸的物品放到爸爸的画像前，将妈妈的物品放到妈妈的画像前。

老师指导小朋友们对物品进行分类，培养孩子的观察能力。

（3）议一议，评一评

①讨论礼物是否送对。

②选择一件物品用来装扮成爸爸妈妈，模仿爸爸妈妈会利用这些物品做什么事情。

③看录像，观看爸爸和妈妈做不同的事情。

④引幼儿到娃娃家活动区域，让幼儿扮演爸爸妈妈做一些家里的事情。

二、学前幼儿社会交往与亲社会行为教育活动案例

（一）案例一：水果店

1. 教学对象

中班幼儿。

2. 活动目标

培养学前儿童的交往能力。

3. 活动准备

低矮的玩具柜三组、水果篮、各种塑料水果数个、自制的钱币。

4. 活动过程

（1）幼儿分组。

（2）教师交代游戏规则。

①附近新开了一个水果店，里面有很多新鲜的水果。

②请售货员向顾客介绍水果名称、味道、价格和吃水果的益处。

③顾客重复介绍要买水果的名称、味道，以及吃水果的益处。

④顾客挑选水果，付钱，交易完成。

⑤恰当运用礼貌用语以及"买"与"卖"。

（3）教师分配角色。

①选沟通能力较强的幼儿做售货员，其他幼儿做顾客。

②售货员与顾客按游戏规则表演。

（4）游戏中，教师指导。

①鼓励胆小的幼儿积极参加活动。

②帮助内向幼儿大胆说出自己要买的水果名称。

③及时肯定自觉遵守游戏规则的幼儿。

5. 活动延伸

家长带领学前儿童参观水果店。

（二）案例二：我的新朋友

1. 教学对象

中班幼儿。

2. 活动目标

（1）激发幼儿与人交往的热情，感受交友的快乐。

（2）大胆介绍自己。

（3）学会分享、合作。

3. 活动准备

（1）录音带：歌曲《找朋友》。

（2）幼儿自带一件物品。

（3）请幼儿不认识的老师做客人。

4. 活动过程

（1）游戏《猜猜我是谁》

引入活动，教师提问：

①"刚才玩游戏时,小朋友被蒙上了眼睛,看不见,那为什么他能很快猜出后面的小朋友是谁呢?"(我们是同学,非常熟悉。)

②"和同学们天天都在一起,开心吗?"

③"为什么和朋友在一起会很开心呢?"

④"如果我们有了更多的朋友会怎么样呢?"

⑤"你们想认识新朋友吗?"

(2)邻班教师(本班幼儿不认识)带着礼物出现

"咚咚咚……"听到敲门声,老师打开门说:"真巧,一说到新朋友,就有新朋友来了。请进!"

新老师与小朋友打招呼,并互相做自我介绍。

(3)幼儿自我介绍

①教师导入活动:"刚才我们的新朋友进行了自我介绍,我们都认识他们啦,但是他们还不认识我们呢,哪个小朋友愿意向新朋友介绍你自己呀?"

②请小朋友们尽量详细地介绍自己。

(4)自主交往活动

①音乐开始,小朋友们听,隔壁班的小朋友也在找新朋友呢,他们还举办了音乐会邀请新朋友参加,我们一起去吧。

②两个班的小朋友相互见面,站在音乐厅两侧。

③两班的教师分别做自我介绍。

④邀请幼儿自主交往,寻找新朋友,和他/她拉拉手,相互介绍自己。

(5)活动小结

①老师与幼儿交谈,提问:

"你认识了几个新朋友?"

"你是怎么去认识他们的?"

"你和新朋友在一起做了什么?"

"你们感觉怎么样?"

……

②认识了新朋友是一件很开心的事,让我们和新朋友一起唱歌、跳舞庆祝吧。

③在音乐中结束活动。

第七章　学前儿童社会教育活动设计探究

（三）案例二：地球生病了

1. 教学对象

大班幼儿。

2. 活动目标

（1）帮助幼儿了解地球。
（2）帮助幼儿认识地球与人类的关系。
（3）提高幼儿爱护大自然母亲的意识。
（4）了解"世界地球日"。
（5）使幼儿养成爱护环境，不随地丢垃圾的行为习惯。

3. 活动准备

（1）一张地球受污染的图片。
（2）一张地球健康的图片。
（3）彩笔和绘画纸若干。

4. 活动过程

（1）导入
教师提问："听，小兔子在哭，它为什么哭？"引出地球妈妈"生病"了。
（2）观察地球"生病"的图片
①观察"生病"的地球，教师提问：
A. 森林被砍伐。"树木怎么了？为什么会这样？这样有什么不良后果？"
B. 教师讲解森林的重要性。
C. 排放污水。"水为什么会是黑色的？小河会怎样？"
D. 幼儿讨论。
E. 白色垃圾。"小朋友看到了什么？这么多的垃圾会怎么样？"
F. 幼儿讨论。
②引导幼儿发挥想象，结合已有经验说一说现实生活中还有哪些环境污染的现象。
（3）找出解决的办法
①应该怎么办？
②幼儿自由讨论、发言。

（4）展示"健康"的地球图片,教师总结
①对比地球"生病"和"健康"的差别。
②教师讲解地球妈妈的生日,让幼儿了解4月22日是"世界地球日"。
③让幼儿展开想象,画一画自己心中地球的样子。

三、学前幼儿归属感教育活动设计案例

（一）案例一：我们的旅行

1. 教育对象

中班幼儿。

2. 活动目标

（1）欣赏祖国风光,感受祖国各地不同的风景、建筑、特产。
（2）介绍风景。
（3）把对祖国风光的感受讲给朋友听。
（4）激发孩子们热爱生活、热爱祖国的情感。

3. 活动准备

（1）教师自录的磁带、录音机。
（2）让幼儿收集自己和家人在旅行中拍的照片。
（3）有关名胜古迹的课件。

4. 活动过程

（1）播放录音,风景儿歌

教师自编儿歌

咚里个咚,咚里个咚,下面请听我来唱,
风景秀丽是泰山,泰山高高十八盘。
孔子故居赏孔庙,嵩山山上观少林。
泉城济南美名扬,胜利油田多产量。
潍坊风筝飞世界,荷泽牡丹花称王。
万里长城长又长,天安门城放金光。
洁白美丽和平鸽,展翅飞翔在歌唱。

第七章 学前儿童社会教育活动设计探究

歌唱祖国美如画,人人爱我大中华!①

教师解释儿歌中的地名、名胜、风景,引入活动。
（2）欣赏风景,相互学习
①教师提问:"你们都去旅行过吗？去过哪里？"
②幼儿介绍自己的旅行经历。
③幼儿相互介绍自带的建筑、风景图片等。
④我也来介绍几个有趣的地方,好吗？在教师的指导下,欣赏各个名胜古迹。
（3）活动小结
小朋友们都旅行过,去过很多好玩的地方,见到了漂亮的风景,经历了很多有趣的事情,旅行真开心呀。
我们的祖国有很多很多美丽的地方,小朋友们回家可以给爸爸妈妈讲一讲在幼儿园其他小朋友介绍的美丽风景,也请爸爸妈妈讲一讲他们去过、小朋友们没去过的地方的风景和发生的事。

（二）案例二:五星红旗升起来

1. 教育对象

大班幼儿。

2. 活动目标

（1）知道五星红旗代表中国。
（2）知道在不同的地方升旗表示不同的意思。
（3）萌发爱国旗的情感。
（4）为自己是一个中国人而感到骄傲。

3. 活动准备

PPT、音乐《国旗多美丽》。

4. 活动过程

（1）播放歌曲,活动导入
听歌曲,讲述歌曲大意。

---

① 张明红.学前儿童社会教育与活动指导(第二版)[M].上海:华东师范大学出版社,2014.

（2）观看国旗图片

①了解五星红旗的特征，教师提问：

A."你看到了什么？"

B."又有谁来了？"

C."这些星星会让你想到什么？"

②讨论与小结

A.幼儿自由讲述在哪里看见过五星红旗。

B.教师小结：哪些场合会升起五星红旗。

（3）了解国旗在特殊场合升起的意思

①出示图片（在奥运会、南极、太空、珠穆朗玛峰上升起五星红旗）。

②幼儿分散、自由观察。

③交流分享。

教师小结：

奥运会上升起国旗，中国的运动员得奖了！

太空升起国旗，中国人上太空了！

南极升起国旗，中国科学家到达南极了！

珠穆朗玛峰上升起国旗，中国人登上最高峰了！

（4）活动总结

①教师总结国旗在不同地方升起所代表的意思。

②讲解国旗的来历和意义。

③讲解国旗与红领巾的关系。

④告诉小朋友们要爱护国旗。

⑤告诉小朋友们听到国歌、看到升国旗时应该怎么做。

第八章　学前儿童科学教育活动设计探究

学前儿童处于对事物具有强烈好奇心和探索欲的年龄阶段,这一阶段进行科学启蒙非常重要。根据学前儿童的大脑发育与认知发展规律,学前儿童的科学教育需要采取科学的方式方法,才能达到帮助学前儿童建立科学的认知观与辩证思维方式的目的。本章主要对学前儿童科学教育活动设计进行研究,以期为学前儿童科学教育教学的发展提供参考与指导依据。

第一节　学前儿童科学教育概述

一、学前儿童科学教育的基本观点

(一)科学的本质在于探究

在人类的发展过程中,人类不断地探索自然、探索自身、探索万事万物的发展,并积极进行创造创新,如此才建设了现代文明社会。科学技术是第一生产力,人类追寻科学真理的脚步永不停止,人们并不满足于对具体科学知识与技能的掌握,而在于探索科学的过程和应用科学的过程,并不断向着更复杂和深奥的科学原理展开探索。因此说,科学的本质就是不断探索真理。

学前儿童的科学探索,更多时候是对发现未知事物和未知原理产生的有趣现象表现出好奇,进而提出问题并寻求解释,有时并非能完全理解问题的答案,但这种探索的过程就是学前儿童的科学活动行为。

(二)学前幼儿科学教育的核心是科学思维的启蒙

学前幼儿的科学教育应符合其生理和心理发展特点,在教学方法与教学形式选择上应尽量做到有趣,避免生硬刻板的说教与灌输。学前幼儿的科学教育应以科学思维启蒙为主,不要求学前幼儿掌握具体的科学理论与技术操作方法。

科学思维是决定科学探究活动是否成功、是否有意义的关键。学前儿童的科学教育过程要真正体现科学教育本质,核心在于培养幼儿的科学思维方式。[①]

由于学前儿童知识经验和认知上的局限性,在幼儿园教育阶段,教师很难将科学的思维方式教给他们。因此,学前儿童的科学教育重点应放在科学思维启蒙上,激发幼儿的求知欲,让幼儿能认识到事物发展存在一定规律,并且这一规律是可以被发现和掌握的,鼓励幼儿自主观察和探索,在幼儿心里种下一颗科学思维的种子。

(三)科学情感是幼儿科学探索的基础

科学探索并非枯燥无趣的过程,而是充满欢乐和趣味性的。科学在一定程度上反映的是人和自然的一种关系,体现了一种价值追求,即科学精神。

学前儿童的科学教育,是对其科学精神的培养,旨在帮助学前儿童在发现与探索的过程中能积极主动地去探索有趣现象背后的原理。教师在学前幼儿的科学教育中并不是单纯地将科学知识和技能呈现给幼儿,更重要的是陪着幼儿一同去探索,幼儿天生具有好奇心,是天生的"科学家",教师应重视对幼儿这种科学探索能力的培养。

二、学前儿童科学教育的目标

(一)学前儿童科学教育的总目标

学前儿童科学教育总目标内容如下。
(1)对周围的事物、现象感兴趣,有好奇心和求知欲。
(2)能运用各种感官,动手动脑,探索问题。
(3)能恰当表达、交流探索的过程和结果。
(4)爱护动植物,亲近大自然,有环保意识。
(5)获得经验并有使用经验的倾向。

---

① 王文乔,申利丽,申健强.幼儿园教育活动设计与实施[M].成都:西南交通大学出版社,2012.

(二)学前儿童各年龄阶段科学教育目标

不同学龄阶段的幼儿认知水平不同,思维发展水平不同,因此,在科学教育方面也有不同的教学目标。根据小中大班的年龄划分,对学前儿童不同年龄阶段的科学教育目标总结阐述如下。

1. 小班科学教育目标

(1)情感态度方面

①使幼儿对周围事物有好奇心。

②使幼儿喜欢接触周围的自然物和人造物。

③激发幼儿探索自然现象的兴趣。

④提高幼儿爱护周围环境与大自然的意识。

(2)知识面

①引导幼儿观察周围事物的特征,了解这些事物与自己、与周围环境的关系。

②引导幼儿观察生活中常见的自然现象,并获得粗浅的科学经验。

③引导幼儿接触人造物,了解其特征、用途,并获得粗浅的科学经验。

④引导幼儿认识到科学创造给人们生活带来的改变。

(3)方法技能方面

①帮助幼儿了解感官的使用,培养幼儿的感知能力。

②帮助幼儿认识事物特征,并按特征进行分类。

③帮助幼儿掌握测量与比较物体大小与数量的简单方法(如目测、实物对比等)。

④帮助幼儿准确表达事物特征。

⑤引导幼儿与同伴、教师主动交流所见所闻。

⑥使幼儿掌握常用科技产品的简单使用方法,参与简单科学操作活动。

2. 中班科学教育目标

(1)情感态度方面

①培养幼儿的好奇心、探索欲。

②引导幼儿探索常见自然现象。

③培养幼儿参加科学教育实践活动的积极性。

④培养幼儿关心动植物与自然环境的情感与行为。

(2)知识面

①帮助幼儿获取自然生物和无生命物质与人类关系的具体经验。

②帮助幼儿了解自然界一些动植物的生命形态、生活习性和生存环境。

③帮助幼儿了解自然四季、气象等变化及其与人类的关系。

④引导幼儿获取常见科技产品的知识与经验，了解其用途。

（3）方法技能方面

①帮助幼儿综合运用多种感官感知事物。

②培养幼儿的观察能力。

③提高幼儿按照指定标准对物体进行分类的能力。

④提高幼儿描述所见所闻的能力，提高幼儿与他人交流探索经验的能力。

⑤指导幼儿学习使用常见科技产品，运用简单工具进行科学操作。

3. 大班科学教育目标

（1）情感态度方面

①激发幼儿的求知欲。

②激发幼儿对生活中科技产品的兴趣，引导其发现问题、提出问题、探索答案。

③培养幼儿主动参与科学实践活动的积极性。

④培养幼儿主动关心、爱护周围环境的情感和行为。

（2）知识面

①帮助幼儿了解不同生物与环境的关系。

②帮助幼儿了解环境污染与人类生活的关系，认识到环保的重要性。

③帮助幼儿获取自然现象、生物与环境关系的感性经验，了解四季的概念。

④引导幼儿积极探索常见的物理、化学现象，获取有关的科学经验。

⑤帮助幼儿掌握生活中常见科学技术的应用与作用。

（3）方法技能方面

①帮助幼儿主动运用多感官观察事物，提高观察能力。

②帮助幼儿掌握根据不同标准对事物进行分类的方法。

③帮助幼儿学习与掌握常见测量工具的测量方法。

④引导幼儿完整有序地交流自己的探索过程与结果，愿意并能清楚分享探索经验与结果。

⑤使幼儿学习常见科技产品的使用方法，并积极主动参与简单工具的科学实验操作活动，在制作活动中表现出创造性。

第八章 学前儿童科学教育活动设计探究

（三）学前幼儿具体科学教育活动目标

学前幼儿的科学教育活动应该渗透到具体的科学发现与实践活动中去，科学教育的目标与任务应落实到一个个的教育活动中。具体的科学教育活动目标应具有针对性，与总目标相比更关注具体小目标的实现，具体科学教育活动的目标要以学前幼儿科学教育总目标的实现为根本要求，为科学教育总目标的实现服务。

学前幼儿具体科学教育活动的目标，应具有趣味性、可操作性，符合儿童身心发展规律，能满足不同幼儿的求知欲与探索欲。

三、学前儿童科学教育的方法

（一）观察

观察是一种有目的、有计划的知觉活动，是学习和研究最基础的一种能力和方法。

人在观察事物的过程中可以引发对事物特征与周围环境关系的探索欲，通过引导学前儿童积极主动观察，促进学前儿童与周围事物的良好接触，这种接触是一种主动的、有意识的接触，能帮助幼儿在观察事物中丰富感性经验、培养抽象思维能力。

教师引导和组织学前幼儿观察，具体包括以下几种观察方法。

1. 个别物体／现象的观察

科学教育活动中，教师指导幼儿对特定事物或自然现象进行观察，通过多感官的感知，来了解事物／现象的形态、特征、属性、习性等，并获得有关该事物／现象的感性经验，这就是个别物体／现象的观察方法，该方法是其他观察方法的基础。

2. 比较性观察

比较性观察指幼儿同时对两种或两种以上的物体／现象，进行观察比较，通过比较性观察，学前儿童可以发现物体的不同点和相似点。

学前幼儿的各年龄班进行比较性观察的要求不同。一般来说，中班幼儿可以学习比较物体明显的不同点；大班幼儿可以学习比较物体的不同点和相同点，并观察相似点，在此基础上进行分类。

3. 长期系统性观察

长期系统性观察指幼儿对自然事物/现象的长期系统观察,如植物生长过程,气象变化过程等,通过观察探索自然界事物/现象发展的规律。

对于幼儿来说,长期系统性观察是比较难坚持的观察方法,需要幼儿园教师和幼儿家长的共同督促。

（二）劳动

这里所说的"劳动",指"科学劳动",具体指与学前儿童科学教育有关的劳动。[①]科学劳动主要包括以下几种。

（1）种植:在园地、自然角种植花卉、蔬菜和农作物等,让幼儿参加选种、浸种、浇水、除草、收获等。

（2）饲养:通过在饲养角里喂养和照管习性温顺的动物来学习简单的饲养技能,观察小动物的形态、特征、习性等。

（3）科学小制作:在教师指导下,幼儿利用各种自然材料(如树叶、果核、石头等)和废旧材料(如木块、包装纸、盒等)制作简单的科学玩具、物品。

（4）协助成人劳动:幼儿在成人指导下从事力所能及的劳动,如除草、剥豆等,以获得自然科学经验。

需要特别指出的是,在幼儿参与劳动过程中,应将劳动与儿童认识活动有机结合起来,在幼儿劳动过程中,教师承担指导者的角色,不能代替幼儿劳动。此外,劳动教育应重视幼儿在劳动过程中的体验而非结果。

（三）测量

测量是指通过观察或运用简单的测量工具,对物体进行简单的(长短、高矮、大小等)测定,旨在帮助幼儿了解基础的测量方法。测量具体包括以下几种方法。

（1）观察测量:通过眼睛、手等感官的观察来测量物体。

（2）自然测量:利用一些自然物(木棍、手指、步长等)作为量具,对物体进行测量。

（3）量具测量:通过使用标准测量工具(直尺、天平、温度计等)对物

---

① 陈思睿,蒋尊容,赵俊.学前教育活动设计与实施[M].成都:西南交通大学出版社,2015.

第八章 学前儿童科学教育活动设计探究

体进行测量。

（四）分类

分类是指幼儿把具有相同特征的多个物体进行分类的方法。常见分类法有如下几种。

（1）挑选式分类：幼儿根据某种要求，从可供选择的物品中挑选出自己所需要的物品。

（2）是非式分类：幼儿从可供选择的物品中挑选出具有某一属性的物品，排除其他物品。

（3）根据特征分类：幼儿根据某种/几种特征对所有物品进行分类。

（五）交流

交流是个体获得他人已知信息的有效途径，在学前儿童的科学教育活动中，教师应鼓励幼儿自主表达，引导幼儿积极主动地与同学、教师交流，在交流过程中获得对科学的认知。

幼儿科学信息交流的方式方法是多样的，可以通过语言交流，也可以通过图画记录等形式实现交流。

（六）采集

采集是幼儿园科学教育的重要方法之一，它可使学前儿童直接接触、探索自然。在通过采集方式探索科学的过程中，幼儿可以结合自己的喜好和经验收集外界信息。

通过采集法开展教育活动，应注意以下几点。
（1）采集活动计划要粗放而灵活。
（2）给幼儿充足的时间去感知、观察和探索。
（3）鼓励幼儿提问。
（4）允许幼儿自由交流获取信息。
（5）注意观察幼儿反应，及时指导。

（七）科学阅读

对于学前儿童来说，通过早期阅读学习与科学知识相关的作品，能够激发幼儿对科学的兴趣、帮助幼儿获得间接的科学经验。

学前儿童的早期科学阅读应注意以下几点。
（1）画面大，色彩鲜艳，文字少而浅，主题突出。
（2）阅读内容应新鲜、有趣，有吸引力。
（3）多开展主题阅读。

（八）科学游戏

根据学前儿童的身心发育发展特点，游戏是幼儿园教育教学活动的主要形式，采用科学的游戏方法开展学前儿童科学教育活动，有助于为幼儿提供一个宽松、自由、有趣的科学探索环境，有助于提高幼儿科学探索的积极性。

目前，在我国幼儿园科学教育活动中常见科学游戏有如下几种。
（1）实物游戏：利用实物组织开展科学游戏，给幼儿最直观、最生动形象的科学体验。
（2）图片游戏：在幼儿获得直接经验的基础上，利用图片开展科学游戏，如通过图片的配对，相关或相同图片分类、排序、拼图，找错与改错等方式引导幼儿去发现和探索。
（3）口头游戏：指在幼儿感性认识和经验获得的基础上，直接运用口语进行的游戏。该种方法适用于幼儿园中班、大班的幼儿。例如，教师引导幼儿认识四季，教师说秋天，幼儿列举秋天的景色。
（4）情景性游戏：结合科学教育活动的目标和主题，设定特定的情景，让幼儿根据情景内容进行活动。如教师展示动物图片，幼儿模仿图中动物的叫声和行走姿态。

值得特别指出的是，在幼儿科学教育教学活动中，教师应采取多样化的教学方法，通过多媒体教学打造更加丰富的、生动形象的视听体验，在生动展现教学内容的同时，帮助幼儿理解多媒体电教设备在生活和教学中的应用，引导幼儿在科学教育活动中开展科学探索。

（九）科学小实验

科学小实验是指教师或学前儿童按照预想的目的或设计，利用一些材料，通过简单演示或操作，验证科学现象的一种活动。

与自然科学实验不同，学前儿童科学小实验是重复前人的实验，不是为了进行新的科学发现，而是在于让幼儿了解实验现象的产生过程与原理，在实验操作方面，要求材料的获取与实验操作过程简单，能在较短的时间内看到实验的结果。

第八章 学前儿童科学教育活动设计探究

在学前儿童的科学实验教学中,根据实验可操作性分为以下两种。

1. 教师演示实验

对于一些不好获取材料或者操作过程比较复杂的实验,抑或是实验材料和器具有限的实验,可以通过教师操作、幼儿观看的形式来进行教学。教师在演示实验时,应注意实验过程速度的控制,以及实验操作步骤、动作的讲解,尽量将操作速度放慢,并进行多方位的展示,让每一个幼儿都能观察到整个实验的过程。

2. 学前儿童操作实验

教师亲自操作实验,可以加深幼儿对实验的印象和对实验原理的知识性认识,有助于幼儿操作能力的提高。

通过学前儿童操作实验的方法来开展科学教育,应注意以下几点。

(1)幼儿实验操作过程中,教师及时讲解、指导幼儿注意观察实验过程中的现象变化。

(2)组织幼儿进行实验的过程中,应注意给幼儿留足够的教学时间以方便幼儿做实验。

(3)在实验操作过程中引导幼儿正确使用工具和材料,以确保安全和实验成功。

第二节 学前儿童科学教育活动的设计

一、学前儿童科学教育活动目标的设计

在学前儿童的科学教育活动中,教师应结合不同年龄阶段儿童的特点与需求设计具体的科学教育活动目标,教学目标设计要求如下。

(1)遵循幼儿的认知规律和发展水平。

(2)具体科学教育活动的目标应为科学教育阶段总目标的实现服务。

(3)科学教育活动目标应该涉及科学知识、方法和态度等方面。

(4)科学教育目标表述明确,确保幼儿能充分理解。

二、学前儿童科学教育活动过程的设计

科学教育活动过程的设计是否合理,将直接影响活动效果与幼儿科

学思维能力的培养。

在科学教育活动开始阶段,应通过多样化的教学方法与手段激发幼儿的参与兴趣。活动过程中,应注意对幼儿的观察、操作指导。活动结束后应及时总结,帮助幼儿巩固科学经验。整个科学教育活动过程设计应注意不同阶段的教学侧重点与注意事项,具体分析如下。

(一)导入活动

导入活动部分的设计应尽量明确任务,引起幼儿的参与与探索兴趣。可参考以下几种导入方式方法。
(1)材料导入。如"小朋友仔细观察这是什么?"
(2)文学作品导入。如用猜谜来导入。
(3)情景表演导入。
(4)环境设置导入。如进入活动区域,为幼儿展示立体生动的科学环境。
(5)直接指令或提问导入。开门见山切入科学主题。

(二)基本活动

基本活动的设计操作程序如下。
第一步:教师提出问题,启发幼儿感知、发现、思考、操作。
第二步:教师观察、了解学前儿童探索活动情况,判断幼儿是否需要教师的帮助与指导。
第三步:鼓励学前儿童积极、勇敢地表达所见所闻。
第四步:教师概括总结幼儿的发现,提出问题,启发幼儿进一步探索。
第五步:教师继续观察、了解学前儿童情况,及时提供帮助和指导。
第六步:鼓励和启发幼儿表述发现与探索的过程、方法、结果。
第七步:教师小结。

(三)结束活动

教师在自然状态下结束活动并继续布置任务,通过布置延伸性活动鼓励幼儿在日常生活中继续进行发现与探索,培养幼儿对自然事物及其与环境、与人类关系的求知欲望与探索意识。

三、学前儿童科学教育活动教师提问的设计

学前儿童的科学教育活动是学前幼儿对自然现象、事物关系的发现与探索过程,要真正实现科学教育,就应让幼儿进行探索实践,而不能由教师"代劳"。教师不给幼儿思考机会,直接告诉幼儿结果,或者教师拒绝幼儿进行实验操作的教育观点和行为都是错误的。

教师在学前儿童的科学教育活动中承担着引导者、启发者的角色。在具体的科学教育活动中,教师应通过设计高质量的问题来帮助和引导幼儿积极探索,应更多地向学前儿童提开放式的问题,如"你有什么发现""你看它像什么",而不是进行封闭式问答,在问题中限定答案。总之,教师应结合幼儿已经获得的科学经验引导幼儿进行发散性和创造性思维,鼓励幼儿自己发现问题、探索原因、解决问题。

第三节 学前儿童科学教育活动设计案例

一、小班科学教育活动案例

(一)案例一:"沉浮游戏"

1. 教育对象

小班幼儿。

2. 活动目标

(1)观察物体在水中的沉浮现象。
(2)初步获得沉浮的概念。
(3)用简单表格记录水果沉浮现象。

3. 活动准备

(1)几种常见的水果、蔬菜,水箱。
(2)蔬菜、水果沉浮实验前后对照表。

4. 活动过程

(1)拿出一个西红柿,让幼儿猜一猜,将西红柿放到水里,西红柿会

沉到水底还是会浮在水面上。

（2）将西红柿放进水里，让幼儿观看实际效果。

（3）蔬菜切块、切段，和整个蔬菜比较，猜哪些东西会沉下去，哪些东西会漂浮起来。然后，实际操作，观察结果。

（4）将瓜果挖成空心，将其与整个瓜果相比，猜哪些东西会沉下去，哪些东西会漂浮起来。然后，实际操作，观察结果。

（5）让幼儿自己挑一种蔬菜或水果，尝试将其放进水里，观察效果。

（6）对水箱里的水高进行控制，观察沉浮效果。

（7）实验前，先请幼儿猜沉浮结果，在沉浮观察记录表上根据幼儿对"沉""浮"的选择，在事先准备的表上记录"×"或"△"，增加游戏趣味性。

5. 活动总结

教师总结游戏过程，讲解沉浮的基本原理，帮助幼儿了解沉浮的概念和沉浮现象产生的原因。

6. 活动延伸

让幼儿回家在爸爸妈妈的帮助下观察家中的小物品放进水中的沉浮效果。

（二）案例二："保龄球游戏"

1. 教育对象

小班幼儿。

2. 活动目标

（1）让幼儿了解数的分解和组合。

（2）使幼儿用语言表达数字"5"及其组成。

3. 活动准备

（1）玩具保龄球瓶和保龄球若干套。

（2）双色塑料原片数十片。

（3）单个保龄球图片若干张。

（4）1～5的数字图片各若干张。

4. 活动过程

（1）摆出五个保龄球，让幼儿玩保龄球游戏，导入教学活动。

（2）让幼儿排队尝试击打保龄球，每次击打完成后，回答："我打倒了

X个,还有Y个瓶子没有倒。"(X+Y=5)

(3)所有幼儿参与游戏后,观看教师打保龄球,并说出:"老师打倒了X个,还有Y个瓶子没有倒。"

(4)教师每击打一次保龄球,就在黑板上贴上与幼儿回答相对应的保龄球图片(横放表示倒下,竖放表示站立)。

(5)教师小结:保龄球的数量总共是"5"个,可以分成不同的比"5"小的数字组合,如"3"和"2","1"和"4"等。

5. 活动总结

教师总结整个游戏过程,说明数字的分解和组合,让幼儿初步建立数的概念,并了解数与数之间的关系。

二、中班科学教育活动案例

(一)案例一:影子的秘密

1. 教育对象

中班幼儿。

2. 活动目标

(1)运用多感官探索影子的秘密。

(2)让幼儿感受到发现的乐趣,培养幼儿的探索欲。

(3)让幼儿感受探索成功的成就感。

3. 活动准备

幻灯机一台、手电筒一个;手偶玩具若干。

4. 活动过程

(1)探索影子

①游戏导入

A. 教师将手电筒放在中间桌子上,站在灯前,影子照在背后墙上或幻灯片幕布上。

B. 教师引导语:"小朋友们,今天我们来做影子游戏,小朋友们看一看老师的影子会跟着老师做动作,是不是很有趣?影子有许多秘密,我们一起来找一找吧!"

C. 教师变化动作,让小朋友们观察。
D. 小朋友们分组上台和影子互动,探索、发现。
E. 教师观察幼儿探索情况,并与幼儿交流。
②讨论:影子的秘密
A. 教师提问:"小朋友们是怎样和影子玩的? 影子会变吗? 它是怎么变的?"
B. 幼儿自由讨论并发表观点。
C. 教师总结影子的产生。
(2)猜影子
①教师用手势做出不同的影子,让幼儿猜,以幼儿熟悉的小动物为主(图8-1)。
②教师请几组幼儿分别模仿教师的手势做出有趣的影子。
③教师请几个特征明显的幼儿藏在屏幕后,请其他幼儿猜猜分别是谁。
④教师请几个特征不明显的幼儿藏在屏幕后,请其他幼儿猜猜分别是谁。
⑤教师请几个小朋友自己组成物体,形成影子,让其他幼儿猜。
(3)影子表演
①教师用手影给幼儿讲故事,请幼儿欣赏。
A. 幼儿借助手偶自由表演影子游戏。
B. 请幼儿自己根据手偶编故事,结合音乐进一步感知影子、表演游戏。
C. 教师将灯关掉,引导幼儿观察光和影子的关系。
②教师提问:"影子去哪了?"打开灯提问:"有灯光了,为什么还是没有影子?"
③教师总结:影子、物体、光线三者密切相连,缺一即形不成影子。
(4)延伸活动:会走的影子
①我们走影子也走,现在请一个小朋友蹲在地上不动,咱们猜猜他的影子会怎样?
②教师拿着手电筒,从不同角度照射幼儿,让其他幼儿观察影子的变化,影子会随着物体移动而移动,影子会随物体与光源的距离变化而变化。
③让幼儿回家同爸爸妈妈一起做影子游戏,发现更多关于影子的秘密。

图 8-1　手势影子图

（二）案例二：拜访蜘蛛

1. 教学对象

中班幼儿。

2. 活动目标

（1）认识蜘蛛，了解蜘蛛的居住环境。

（2）激发幼儿到户外观察的兴趣。

（3）体验观察的乐趣。

（4）爱护蜘蛛，爱护自然。

3. 活动准备

（1）事先到户外寻找蜘蛛。

（2）捕蜘蛛的网、饲养箱、放大镜。

4. 活动过程

（1）户外探索

教师导语："早操时我们在操场的大树上发现了一只大蜘蛛，蜘蛛为什么会爬到树上，它喜欢生活在树上，还是哪里？今天我们就去拜访一下蜘蛛,请小朋友们仔细找一找,看一看。"

②提醒幼儿不要用手触摸蜘蛛和蜘蛛网,注意安全。

③组织幼儿到户外观察,时刻注意幼儿安全。

④幼儿在花圃、树丛、种植园地的蜘蛛网中找到了蜘蛛。

⑤观察幼儿的活动情况。

⑥教师根据幼儿观察情况来确定观察时间的长短。然后可以捕捉一两只蜘蛛放进饲养箱,带回教室,为未能观察到蜘蛛的幼儿提供观察机会。

(2)集体讨论

①回到教室后,教师请幼儿分享观察经验。

②教师根据幼儿的分享,适时进行提示性提问:

"你找到蜘蛛了吗?"

"在哪里找到的?"

"蜘蛛是什么样的?"

"蜘蛛的身体是什么颜色的?有几只脚?眼睛长得如何?"

"蜘蛛网上有什么?"

③教师肯定观察仔细的幼儿。

④教师总结观察活动,并补充幼儿没有观察到的一些蜘蛛特征,对蜘蛛的居住环境与生活习性进行讲解。

⑤引导幼儿要爱护蜘蛛,提高幼儿亲近大自然、爱护大自然的意识。

(3)活动延伸

①请幼儿每天观察饲养箱内的蜘蛛。

②鼓励幼儿用放大镜进行观察,并将观察的结果画出来。

③就如何饲养蜘蛛进行讨论。

三、大班科学教育活动案例

(一)案例一：天气预报

1. 教育对象

大班幼儿。

2. 活动目标

(1)知道一些气象变化与动物习性变化之间的关系。

(2)能根据动物的特殊表现来推断天气。

(3)提高幼儿探索天气奥秘的兴趣。

(4)激发幼儿爱科学的情感。

第八章 学前儿童科学教育活动设计探究

3. 活动准备

多媒体课件；气象牌若干。

4. 活动过程

（1）引出课题

①教师播放《天气预报》节目，提问：

"小朋友们，这位阿姨在干什么？她怎么提前知道明天的天气呢？"

②幼儿回答，教师展示图片。

③教师提问："气象员根据气象仪器预测出未来几天的气温、气压、空气湿度等气象情况。可是农民伯伯不用气象仪器，有时也能知道明后天的天气如何，这是为什么呢？"幼儿展开讨论。

（2）看一看

①播放课件。教师提问：

"它们是谁？在干什么？"

"为什么要这样？"

"听听小蚂蚁自己怎么说。"

②老师播放其他动物的视频，提问：

"这些小动物们在天气变化前都能提前知道，并做好防备，它们会做些什么？"

"它们是怎么知道明天天气的呢？"

幼儿讨论。

③教师分别点击四幅动物图片。

④教师小结："下雨之前气候总有一些变化（哪些变化）。一些动物能感受到这些变化，会做出应对措施，人们根据动物做的这些事情，就能知道将要出现什么天气了。"

（3）听一听

①教师启发幼儿："农民伯伯不仅能通过观察来判断气象，还能通过听小动物的叫声来判断气象变化呢。我们一起听一听。"

②播放青蛙、知了、鸡等小动物的叫声。

③教师讲解小动物们会在什么天气到来时发出特殊叫声，为什么会发出这种叫声。

（4）小小气象员

①介绍游戏题目。

②介绍晴雨牌的用法。

③教师操作课件，幼儿根据线索推测天气。

④教师解密,告知小朋友们的判断是否正确。

(5)活动延伸

请幼儿在平时多注意观察,看看哪些动物会在天气变化前有特殊的行为,这种行为代表什么样的天气将会出现。

(二)案例二:"哪个装得多"

1. 教学对象

大班幼儿。

2. 活动目标

(1)学习用同一个标准方法量米。

(2)感知科学测量和统计方法。

(3)探索发现面积相同的纸做成的圆筒和方筒,装的米不一样多。

(4)提高操作能力。

3. 活动准备

(1)教师用记录纸两张。

(2)一袋米。

(3)幼儿每人一个托盘(防止米洒)、每人一只小量杯,两张大小相同的长方形卡纸、一支笔、一根直尺。

4. 活动过程

(1)魔术导入

教师展示两张同样大小的长方形纸,示范如何将其中一张卡纸变成一个圆筒,请幼儿往这个圆筒里装米,试一试要几杯才能装满。

(2)幼儿第一次操作量米

①告知幼儿沿事先画好的黑线粘贴做成圆筒。

②教师巡视,指导幼儿操作。

③集中交流,集中统计量了几杯米。

④教师提问:同样的杯子,同样大小的纸圆筒,为什么小朋友们量出来的杯数不一样呢?

⑤幼儿讨论。

⑥教师小结:小朋友量米时有时候装得多,有时候装得少,所以数出来的杯数就不一样。

⑦学习用同一个标准量米:先在杯子里装满米,然后用直尺沿着杯

沿轻轻刮一下,让米刚好装满杯子,不多也不少。

⑧按照教师的方法再装一次,统计量了几杯米。

(3)幼儿第二次操作量米

①教师把另一张纸变成一个方筒,请幼儿猜一猜方筒和圆筒哪个容器装的米多。

②往方筒里装米,统计量了几杯米。

③幼儿制作方筒,用量杯装米。

④讨论操作结果。

⑤教师小结:用同样大的纸,做成圆筒比方筒装的米多。

(4)教学总结

教师简述整个教学过程、教学结果,并讲解为什么同样大小的纸做成不同形状的米筒后装的米不一样多。

第九章　学前儿童艺术教育活动设计探究

学前儿童的艺术教育主要包括音乐教育和美术教育,这两方面教育教学活动的开展有利于促进学前儿童的艺术素养发展,对于学前儿童的全面发展具有重要的促进作用。本章在详细阐述学前儿童艺术教育目标的基础上,对具体的音乐教育与美术教育活动设计及案例进行解析。

第一节　学前儿童艺术教育概述

一、学前儿童艺术教育总目标

(一)学前儿童音乐教育总目标

学前儿童音乐教育以审美为核心教育,通过音乐教育,培养幼儿对音乐艺术的感受、表现与创造音乐的能力。

学前儿童音乐教育的总目标具体包括以下三个方面。

(1)感受音乐:音乐是一种听觉艺术,通过聆听音乐,培养学前儿童对音乐的兴趣、引导幼儿感受音乐之美。

(2)表现音乐:音乐是一种声音艺术,通过音乐的熏陶,让幼儿有机会表达和表现音乐,运用声音、动作、姿态模拟事物和生活情境,用自然、适当的声音去准确地歌唱。

(3)创造美。引导幼儿创造性地运用各种音乐元素创造美,展开想象进行艺术表现,提高幼儿创造美的能力。

(二)学前儿童美术教育总目标

《幼儿园教育指导纲要(试行)》对学前儿童在美术教育方面的教育目标表述如下:

第九章　学前儿童艺术教育活动设计探究

（1）通过线条、形状、色彩等要素初步感受周围环境和美术作品中的形式美和内容美，培养幼儿对美的敏感性。

（2）积极投入美术活动并自由表达感受，培养幼儿的审美情感和表达能力，促进幼儿的人格健全和谐地发展。

（3）使幼儿学会操作并掌握一些简单的美术技能，能用自己的美术表现形式来表现美、创造美。

二、学前儿童艺术教育的年龄阶段目标

（一）学前儿童音乐教育的年龄阶段目标

1. 小班音乐教育目标

（1）歌唱

①引导幼儿积极参加歌唱活动，歌唱姿势正确，用自然声音模仿短小歌曲。

②使幼儿听到前奏后能快速地进入歌唱。

③使幼儿初步理解和表现歌曲的形象和情感。

④使幼儿能边歌唱边模仿。

⑤引导幼儿为熟悉的歌曲创编歌词。

（2）韵律

①引导幼儿积极参与音乐游戏和舞蹈活动。

②使幼儿能用简单动作表现音乐情感与内容。

③使幼儿感受音乐节奏、旋律、力度和速度。

④引导幼儿进行韵律表达、创造。

（3）音乐欣赏

①引导幼儿仔细聆听自然和生活中的有规律声音。

②使幼儿能听音辨音，初步学习音乐常识。

③引导幼儿用体态、嗓音和动作参与欣赏活动。

④使幼儿能快速投入到感兴趣的音乐与舞蹈表演中。

（4）打击乐演奏

①激发幼儿对打击乐器的兴趣。

②使幼儿操作与感受不同打击乐器的音色，并模仿乐器声音。

③使幼儿能随着熟悉的节奏进行合奏。

④使幼儿学会用乐器表达自己的情感。

2. 中班音乐教育目标

（1）歌唱

①能用标准的音准歌唱。

②学习简单的歌唱技能。

③学习接唱、对唱等形式，能较自如地演唱。

④喜欢为熟悉的歌曲创编新的歌词。

（2）韵律

①学习随音乐做舞蹈动作，体验参与韵律活动的快乐。

②能随音乐的变化改变动作的力度、速度、节拍、难度等。

③增强音乐动作、表情表现力。

④初步了解简单创编韵律组合动作的规律。

（3）音乐欣赏

①能专心倾听、观看音乐、舞蹈。

②能在欣赏音乐时产生自然的情绪与联想。

③能听辨音乐中差异比较明显的音乐知识。

④能感受典型的不同类型音乐的特点。

⑤学会用多种方式表达音乐欣赏的感受。

（4）打击乐演奏

①能用身体动作表现节奏。

②喜欢跟随节奏演奏打击乐器。

③学习打击乐器的演奏方法，能选取合适乐器进行伴奏。

④学会使用打击乐器加入合奏。

⑤学会用不同乐器的音色表达感受。

3. 大班音乐教育目标

（1）歌唱

①使幼儿能用基本准确的节奏和音调唱歌。

②使幼儿掌握简单的歌唱技能。

③学习领唱、齐唱、轮唱、合唱。

④引导幼儿能即兴编、即兴唱。

（2）韵律

①引导幼儿积极参与韵律活动。

②使幼儿掌握几种舞蹈语汇和律动组合。

③使幼儿能用剪刀舞蹈和律动表达情感。

④能较准确地随音乐的变化改变动作的力度、速度、节拍、节奏等。

⑤学习根据韵律进行创编。
（3）音乐欣赏
①主动倾听、观赏事物形态、声音和运动状态。
②感受不同类型的音乐特点。
③能运用多种艺术表现方式，如歌舞、演奏、语言、戏剧表演等参与欣赏活动。
④培养幼儿观赏音乐与舞蹈表演的习惯。
（4）打击乐演奏
①引导幼儿积极参与节奏活动。
②学习常见打击乐器的演奏方法。
③引导幼儿尝试辨音、自制乐器。
④使幼儿体会和参与合奏、设计演奏。
⑤培养幼儿的协作精神与爱惜乐器的好习惯。

（二）学前儿童美术教育的年龄阶段目标

1. 小班美术教育目标
（1）绘画
①认知方面：初步认知绘画工具和材料；辨别常见色；辨别不同线条及其变化。
②情感方面：培养幼儿的绘画兴趣。
③技能方面：学会使用简单的绘画工具；能画出常见线条；学会简单图形的轮廓勾勒。
④创造方面：
A. 引导幼儿在涂抹过程中把画面画满；
B. 初步学会用图形和线条组合创造各种图式。
（2）手工
①认知方面：熟悉手工制作常用工具、材料；了解泥、纸的性质。
②情感方面：体验手工活动的快乐。
③技能方面：掌握泥工中团圆、搓长、压扁等技能；学习撕纸、粘贴成画；初步学会拼贴造型；学会使用工具（如印章）在纸上敲印。
④创造方面：能运用多种材料在纸上压印。
（3）美术欣赏
①认知方面：知道从自然界感受艺术美。
②情感方面：喜欢欣赏艺术作品；对美术作品与形象感兴趣；感受

不同艺术表现形式的"性格"。

③技能方面：初步学会运用线条表现力度感、节奏感。

④创造方面：初步学会表达欣赏感受。

2. 中班美术教育目标

（1）绘画

①认知方面：能较正确地把握形状结构，理解形状意义；认识常见固有色。

②情感方面：喜欢用绘画表达情绪情感。

③技能方面：学习图形组合；学习颜色搭配；能在教师指导下合理进行画面布局。

④创造方面：能大胆创作画。

（2）手工

①认知方面：进一步熟悉手工工具和材料。

②情感方面：通过手工参与增进对手工的兴趣。

③技能方面：能正确使用剪刀裁剪不同形状的图形；会拼贴；掌握折纸的基本技能；会用泥塑创造物体；会撕纸成型。

④创造方面：能用泥塑、折纸、拼纸、撕纸创造物体（或物体轮廓）。

（3）美术欣赏

①认知方面：了解作品的主题和内容。

②情感方面：体验线条、形状、色彩等；产生情感共鸣。

③技能方面：感受作品色彩；感受作品中的象征性、情感；体验对称、均衡、节奏。

④创造方面：会简单评价作品。

3. 大班美术教育目标

（1）绘画

①认知方面：认识物体的结构和空间关系；增强配色意识；了解不同工具的创作效果。

②情感方面：体会均衡、对称、变化等形式美。

③技能方面：能较灵活地表现人物、动物的动态；掌握一些配色方法与技巧。

④创造方面：能融合图形，创造图式，运用多种绘画工具和材料进行创作。

（2）手工

①认知方面：了解不同材料的特性，会对材料进行分类。

②情感方面：喜欢进行手工制作，会用手工表达情感。

③技能方面：能用泥塑、纸张、绘画工具创造具有复杂结构的物体与

形象；能利用废旧材料进行创作装饰。
④创造方面：能综合运用剪、折、撕、粘等技能。
（3）美术欣赏
①认知方面：了解基本美术要素；了解作品表现手法、风格和创作意图。
②情感方面：喜欢不同风格的美术作品。
③技能方面：感受作品的色调、色彩与象征性、形式美。
④创造方面：能讲述对作品独特的见解。

第二节　学前儿童音乐教育活动设计及案例

一、学前儿童音乐教育活动设计

这里重点就学前儿童音乐教育活动中的歌唱、音乐欣赏与韵律活动设计进行分析。

（一）歌唱教育活动设计

1. 歌曲选择

教师在选择歌唱作品或段落时，应该选择与学前儿童的年龄特点与心理发展特点相适应的作品或段落，乐曲节奏应欢快，情感丰富，充满趣味性。

2. 歌曲介绍与示范

（1）教师在介绍歌曲时，采用丰富有趣的教学方式方法（语言、教具）进行讲解，让幼儿了解歌曲的背景和歌词大意，使幼儿对歌曲感兴趣，能够理解歌曲内容。

（2）教师的范唱对于幼儿是否能正确把握歌曲的情感、音准、歌词字音是非常重要的，教师的示范应该符合歌曲的基本演唱要求，在进行范唱时，应注意面向幼儿，让幼儿能观察到教师的口型、表情。范唱过程中，教师应精神饱满、富有情感。结合教学需求需要多次范唱时，也可借助视听设备播放歌曲录音、唱片、视频。

3. 歌曲教学

（1）熟悉歌曲

教师在进行歌曲教学时应先让幼儿尝试记住歌词，在记歌词的过程中,教师可以采用各种提问方法来帮助幼儿记忆歌词,如填充提问法、逻辑提问法,也可以通过给予幼儿最直观的图片和实物展示来帮助儿童记住歌词。在歌词记忆过程中,教师应先带领幼儿熟读和熟记歌词后再进行整段的完整演唱表演。

（2）新歌教唱

教师可以视教学情况采取整体教唱法或者分句教唱法,整体教唱法即教师从头到尾演唱整首歌曲,以使幼儿全面了解整首歌曲的完整艺术形象,这一方法适合歌曲节奏简单、歌曲短小的歌曲；分句教唱法即教师范唱一句,幼儿跟学一句,如此一句一句地学,以便于使幼儿掌握每句歌词的重点发音和旋律,通常对于歌曲句子较多的歌曲采取这种方法,对于一首简短的歌中的重点和难点字句,也常采用这种教唱方法。在分句教唱完成后,在幼儿熟悉各句歌唱方式方法和记忆歌词的基础上,进行歌曲的完整演唱练习。

（3）歌曲重复练习

教师在引导幼儿进行歌曲复习过程中,应采用各种丰富多样的方式方法使幼儿保持对歌曲学练的积极性与主动性,在歌唱组织形式上,可以有合唱、部分幼儿唱、单独唱等,尽量避免幼儿歌唱学练的枯燥感。

4. 歌唱技巧教授

教师在幼儿的歌唱学习中,应交给幼儿初步的歌唱技巧,使幼儿掌握音乐的基本表现手法,能很好地达到音准的要求,学会换气,并能学会有感情地歌唱。

5. 创编

幼儿熟悉歌唱作品后,教师可以鼓励幼儿在演唱歌曲时加上自己的动作,幼儿也可以尝试自己在课余时间为歌曲创编新的歌词。

（二）音乐欣赏活动设计

学前儿童音乐欣赏活动设计主要包括以下内容。

1. 作品选择

选择学前儿童的音乐欣赏作品时,应充分考虑音乐是否具有较高的艺术性,是否具有适合幼儿感知的鲜明音乐形象,音乐作品的内容和表现形式是否生动、丰富,音乐作品是否符合幼儿的生活经验和音乐知识。

只有选择适合幼儿欣赏水平的音乐作品,才能促进幼儿对音乐作品的艺术感知,才能促进幼儿的音乐欣赏水平进一步提高。

第九章　学前儿童艺术教育活动设计探究

在这里需要特别指出的是,学前儿童音乐教育中的艺术启蒙应重视民间艺术的启蒙,民间音乐是幼儿民间艺术教育非常宝贵的资源。例如,山西被誉为"民歌的海洋""民舞的故乡",民间音乐有民歌、戏曲、舞蹈、器乐等。《走西口》《想亲亲》《绣荷包》《桃花红杏花白》等民歌家喻户晓,通过欣赏民族风情独特的民歌,可以让幼儿初步领略民间歌曲、舞蹈、器乐的文化风格、动作特点,感受民间音乐艺术的特色和韵味。[①]

2. 音乐欣赏过程

学前幼儿的音乐欣赏过程可以分为三个阶段,教师在各阶段的教学活动指导中,应关注幼儿的欣赏反应,具体分析如下。

(1)第一阶段:初步欣赏作品

学前幼儿音乐作品的欣赏教育活动,教师应先就整个音乐作品进行简介,然后组织幼儿完整地听一至二遍,以使幼儿对音乐作品有一个初步的印象。

在音乐欣赏的最初阶段,教师可以通过设计一些方法,提高幼儿欣赏效果,如利用引导性谈话,介绍欣赏作品的名称,然后简单介绍作品的主要内容和情绪性质。

例如,欣赏钢琴曲《啄木鸟》,教师介绍:"今天我们听一段好听的音乐,名叫《啄木鸟》,大家听听啄木鸟在干什么?"

例如,欣赏二胡曲《赛马》,向幼儿展示大草原的图片,引导幼儿对草原、赛马的联想。

(2)第二阶段:重复欣赏音乐作品

在学前儿童初步建立起对音乐作品艺术形象的基础上,反复聆听音乐作品,不断深化幼儿对音乐作品的审美能力。

教学活动中,教师可以设计一些问题,或者提出一些具体的要求,要求幼儿在反复聆听音乐作品的过程中,一边听一边思考,学会对音乐作品中的艺术形象的感知,如"整段音乐是一样的吗?""哪些地方有重复?""听一听现在它们好像在干什么?"启发幼儿结合实际经验主动联想欣赏作品所表现的内容。

(3)第三阶段:检查音乐欣赏效果

在音乐欣赏完成后,教师进行教学小结,然后再组织幼儿整体完整地听几遍音乐作品,以巩固和加深幼儿对音乐作品的印象和理解。

---

① 毕中情.试论幼儿山西民间艺术教育体系的构建[J].晋中学院学报,2014,31(6):88.

(三)韵律活动设计

1. 教学准备

在正式的韵律活动开始之前,教师应创造轻松愉快的教学环境和氛围,将幼儿引入到律动情境和情节中,让幼儿反复听音乐、充分感受和理解音乐。在此过程中要求幼儿认真、仔细听,调动幼儿的积极性,提高幼儿的注意力。

根据需要可安排 2~3 项活动,例如简单律动练习,把幼儿带入音乐艺术美的氛围。

2. 律动动作教学

(1)动作模仿。教师进行动作示范,帮助幼儿了解动作内容,并产生初步的动作印象。

(2)舞蹈动作。教师进行舞蹈动作示范,注意示范的准确性和全面性,让每一个幼儿都能清楚地观察到教师的舞蹈动作。教师可以进行正面示范、侧面示范、背面示范、镜面示范等,并在示范过程中用简明清晰的语言解释,帮助幼儿体会舞蹈动作。

(3)音乐游戏。教师开展音乐游戏应详细讲解游戏的规则和玩法,并请动作模仿能力和理解能力较强的幼儿进行动作示范,在全体幼儿熟悉舞蹈动作和游戏规则的基础上组织全体幼儿练习。

3. 结束部分

一般可以利用基本部分的最后一项内容自然地过渡到结束,也可专门选择一项律动或舞蹈来结束活动。

学前幼儿的韵律活动教学程序并非固定不变,因此,教师在教学设计中,应灵活安排各部分的内容,结合幼儿的实际情况设计多种教学组织形式与方法。在教学过程中,注意对律动动作的学习要求不强调每个动作的精细完成,重视幼儿的动作想象力和创造力的培养。

二、学前儿童音乐教学活动设计案例

(一)案例一:捉迷藏

1. 教学对象

小班幼儿。

2. 活动目标

(1) 知道常见小动物的叫声,并能模仿。

(2) 学会倾听和做出应答。

(3) 体验音乐游戏的快乐。

3. 活动准备

钢琴、动物头饰若干。

4. 活动过程

(1) 游戏导入

播放《捉迷藏》音乐,跟随律动,师幼玩捉迷藏游戏。

①教师讲解游戏规则和注意事项。

②教师请小朋友们挑选自己喜欢的小动物头饰,并学着扮演小动物。

③教师引导语:"小动物们在森林里玩捉迷藏,晚饭时间到了,妈妈们来找小动物们回家了,请小动物们听到妈妈的呼喊就回答妈妈。"

④教师启发:"小朋友们要听听动物妈妈要找的是什么动物宝宝,然后用小动物好听的声音答应妈妈。"

教师:"我的小猫宝宝在哪里?"幼儿:"喵喵喵,我在这里呀!"

教师:"我的小狗宝宝在哪里?"幼儿:"汪汪汪,我在这里呀!"

教师:"我的小羊宝宝在哪里?"幼儿:"咩咩咩,我在这里呀!"

……

教师:"小动物都被找到了,请大家回到椅子上!"

(2) 教师示范,幼儿熟悉音乐

教师启发:"猫妈妈有很多小猫宝宝,它们最喜欢捉迷藏,吃过晚饭,又藏起来啦,小朋友们,现在老师来扮演猫妈妈,看看老师是怎么找出小猫咪的。"

教师:"我亲爱的小猫呀,你在哪里呀?请你快快出来吧,快快出来吧!"

教师:"喵喵喵。我在这里呀!"

教师:"你们也来扮演小猫,躲在椅子后面。"

"我亲爱的小猫呀,你在哪里呀?请你快快出来吧,快快出来吧!"

幼儿:"喵喵喵,我在这里呀!"

幼儿:"喵喵喵,我在这里呀!"

小猫们听到妈妈的声音都出来了。

师幼一起唱,教师伴奏。

（3）歌曲创编

教师："青蛙也藏起来了,怎么把青蛙找出来？"

"我亲爱的青蛙呀,你在哪里呀？请你快快出来吧,快快出来吧！"

幼儿："呱呱呱,我在这里呀！"

请幼儿扮演青蛙,巩固练习。

教师："大公鸡也藏起来了……"

请幼儿扮演大公鸡,巩固练习。

教师："大灰狼也藏起来了……"

请幼儿扮演大灰狼,巩固练习。

……

（4）游戏

幼儿扮演各种小动物进行游戏,第二遍再选择喜欢的小动物进行游戏。

（二）案例二：害羞的含羞草

1. 教学对象

中班幼儿。

2. 活动目标

（1）认识含羞草的形态和生长特性。

（2）倾听音乐,能按音乐、图片的提示用动作表演含羞草。

（3）与同伴交流、配合完成舞蹈动作。

3. 活动准备

（1）材料准备：含羞草一盆,电子播放器一台,含羞草头饰若干,情景图片,木琴一架。

（2）经验准备：幼儿会唱《害羞的含羞草》歌曲。

4. 活动过程

（1）听音乐

教师播放《害羞的含羞草》音乐,请小朋友们聆听,并逐渐安静下来。

（2）观察

①展示含羞草

教师："含羞草很害羞,如果有人碰触它,它会害羞地把叶子合拢,然后再悄悄地张开。"

第九章 学前儿童艺术教育活动设计探究

教师演示,让幼儿观看。

请幼儿说说含羞草张开、合拢的样子。

②让幼儿用身体动作表现含羞草的开合,并创编有特点的动作。

③全体幼儿听音乐并表现。

教师敲击木琴,表示含羞草被碰到了叶子;教师刮奏木琴,表现含羞草慢慢张开叶子的过程,幼儿边听音乐边表现这个过程。

(3)游戏

①幼儿演唱歌曲,教师示范表演含羞草。

②师幼合作做动作。

③两名幼儿一组,边唱边游戏。

(4)分组情景游戏

①播放风声,展示风的图片,幼儿想象并表现含羞草被风吹倒时的情景。

②播放夜晚的知了声,展示月亮的图片,幼儿想象并表现含羞草闭合睡觉时的情景。

③播放下雨声,展示雨滴图片,幼儿想象并表现含羞草被雨淋到的情景。

④幼儿按情景顺序进行完整表演。

(三)案例三:调皮的小兔子

1. 教学对象

大班幼儿。

2. 活动目标

(1)感受韵律,感受快乐。

(2)初步增强对音乐节奏的感知能力。

(3)学习创编动作,体验创编乐趣。

3. 活动准备

影碟机一台、椅子数把、情景道具若干。

4. 活动过程

(1)音乐律动,谈话导入

①教师指导小朋友们选择小椅子坐好。

②教师:"小朋友们最喜欢小动物了,那你们和老师说说,都喜欢哪

些小动物？"

③幼儿自由表达。

④教师小结，表扬表达清楚、声音洪亮的幼儿。

⑤教师讲述故事。

（2）新授游戏

①教师教幼儿做游戏，使其感知游戏带来的乐趣。

A. 教师坐在椅子上，用手当小白兔，两个手指头在大腿上跳五下，再拍两下腿，拍三下手，让幼儿感受节奏高低、强弱的不同。

B. 听音乐节奏，把手握拳藏起来，让幼儿看不到。

C. 听音乐响几下，就藏几个不同的地方。

②引导幼儿先跟着老师藏同样的地方，并完整、清晰讲述出藏在哪些地方，让幼儿体验游戏乐趣。

③幼儿熟悉动作后，鼓励幼儿自己把手藏到想藏的地方。

（3）教师和幼儿一起游戏

①所有小朋友当小白兔，跟着音乐一起来玩。

②听到灵巧的音乐时，要做不同的样子或者动作。

③听到几下就做几个不同的动作。

（4）活动结束

教师引领指导幼儿集体合唱《小兔乖乖》，在歌曲中结束活动。

第三节　学前儿童美术教育活动设计及案例

一、学前儿童美术教育活动设计要求

（一）创设情境，引起兴趣

美术教育是一种丰富的视觉艺术教育和思维教育，在学前儿童的美术教育活动中，教师从教学需要出发，引入、制造或创设与美术教学内容相适应的具体场景或氛围，来吸引幼儿参与，使幼儿在情境中产生情感共鸣和兴趣，进而帮助幼儿进入良好的学习和感知状态。

第九章 学前儿童艺术教育活动设计探究

(二)讲解演示,掌握方法

(1)教师根据自己对美术知识的认识和把握,进行本次教育活动的主题讲解,讲解幼儿所需要了解的美术知识。

(2)教师综合多样化的教学方法,如讲解演示、观察讨论等,帮助幼儿掌握各种工具材料的特性和操作方法。

(3)幼儿进行操作实践,教师注意观察,在需要时指导幼儿进行操作,使幼儿从操作过程中获得成就感和乐趣。

(三)幼儿创作,教师指导

1. 绘画活动的指导

(1)引导幼儿观察

"儿童天生就是艺术家",教师应引导儿童用自己的眼睛去观察世界,用自己的心灵去感受世界,从而用自己的语言去表现世界,帮助儿童建立起象征符号与现实中各种事物间的联系,积累视觉经验和情感经验,为艺术表现打下基础。[①]

(2)引导幼儿从不同角度表现物体

通过讲解、示范,教师帮助幼儿学会从不同的角度来观察、描绘物体的不同造型特点,使画面越来越生动,进而促进主题表现。

(3)通过情感体验表现空间关系

在幼儿美术教育活动中,教师不能代替幼儿去想象,教师为幼儿的想象提供一个方向,并注意引导幼儿所表现的画面内容与日常生活经验、情感体验的联系。

2. 手工活动的指导

(1)教学活动内容设计

在学前幼儿手工教育活动中,我国民间艺术具有得天独厚的优势,剪纸、面塑、编织、布艺、皮影等民间手工艺简便易行,操作性强,极富想象力和创造力,能够为学前儿童的手工教育活动提供丰富的教学素材,教师应加强这方面的经验和技能积累,以便于设计出受幼儿喜欢的、能促进幼儿艺术能力发展的活动主题与内容。

民间手工艺融入幼儿园课程,应注意以关注情感态度为宗旨,重在启

[①] 林琳,朱家雄. 学前儿童美术教育与活动指导(第三版)[M].上海:华东师范大学出版社,2014.

蒙,突出民族情感的培养,切不可片面强调幼儿艺术知识的积累和技能的练习。①

有人认为民间手工艺远离幼儿的生活,融入幼儿园课程是不可行的,这恰恰是对民间手工艺的误解。以山西为例,山西民间手工艺本就来源于生活,服务于生活,许多工具材料如红纸、面泥、草绳等简便易得,随地可取,世代生活在山西地区的家长、教师对剪纸、面塑、草编等技艺相当熟悉,信手拈来,将山西民间手工艺融入幼儿园课程既能降低办园成本,又能促进幼儿的发展,更加契合地方的实际需要,具有得天独厚的课程优势。只要因地制宜,合理开发利用,就能为幼儿园课程提供丰富的材料。②

(2)材料与技能教学

帮助幼儿了解制作工具和材料的基本性质和使用方法。如纸、树叶、布等。让幼儿初步掌握制作工具和材料的使用方法,帮助幼儿形成技能,并通过技能来帮助幼儿实现制作的意图。

(3)鼓励幼儿创作

引导幼儿实现自己的制作目的,提高幼儿的实践操作能力和创新能力。

需要特别指出的是,手工教学活动中,有的幼儿在手工制作时,即便有了明确的制作意图,也不一定能实现。这种情况下,为避免让幼儿产生挫败感,对手工失去信心,教师应及时帮助、指导,让幼儿体验成功感。

3. 美术欣赏活动的指导

(1)多角度地欣赏艺术作品、自然景物和周围环境中的美好事物。教师要有意识地培养幼儿从多角度欣赏美术作品。如将同一类题材的美术作品放在一起欣赏:凡·高的《星夜》、奥基弗的《晚星》。

(2)增强美术欣赏中的情绪体验。根据幼儿的身心发展规律,幼儿的审美感受始终伴随着明显的情绪体验。积极的情绪可以提高幼儿美术欣赏的效率;消极的情绪则会阻碍美术欣赏活动的展开。教师应注意对幼儿在美术作品欣赏中积极情绪的引导。

(3)鼓励幼儿大胆表达。在美术欣赏过程中,教师应在幼儿了解艺术形象的基础上,给予幼儿表达和交流的机会,鼓励幼儿表达自己的欣赏感受,这个表达过程就是幼儿的艺术感知过程、艺术鉴赏和情绪共鸣深化的过程。

---

① 毕中情.山西民间手工艺融入幼儿园课程的研究[J].晋中学院学报,2019,36(5):74-75.

② 毕中情.山西民间手工艺融入幼儿园课程的研究[J].晋中学院学报,2019,36(5):74-75.

第九章 学前儿童艺术教育活动设计探究

(四)作品展示,分享交流

幼儿作品的展示要根据不同的情况,多样化展示。

一般来说,在幼儿园的美术作品展示活动中,最基本的方式是把幼儿的作品张贴在黑板或是其他展示板上,请所有小朋友共同欣赏。当然,如果不能实现幼儿作品的全部展示,则可以展示部分有代表性的作品,其他作品可以在活动后欣赏交流。

作品展示,教师还应重点关注以下几点。

(1)展示颜料容易滴落、尚未完全吸干的作品,要将作品放置在桌上、地面上,然后带领幼儿走动欣赏。

(2)展示生活化的、趣味性强的作品,可以以情境和游戏的形式进行。

(3)在作品展示的同时,对作品进行评价。[①]

二、学前儿童美术教学活动设计案例

(一)案例一:小刺猬背果子

1. 教学对象

小班幼儿。

2. 活动目标

(1)学习手指点画的方法。

(2)体验作画的乐趣。

3. 活动准备

(1)事先调好颜料。

(2)画有刺猬的纸每人一张。

(3)观看有关刺猬的简短视频,使孩子对刺猬有所了解。

4. 活动过程

(1)展示刺猬,引发兴趣

①教师提问:"小朋友看看,谁来了?你们是怎么认识它的?你们在哪里见过刺猬呢?"

---

① 林琳,朱家雄.学前儿童美术教育与活动指导(第三版)[M].上海:华东师范大学出版社,2014.

②教师讲述小故事《刺猬背果子》。
（2）教师讲解与示范
教师伸出食指,蘸颜料,点在小刺猬的一根刺上,这样小刺猬就背好了一个果子了,然后手指拿起来,换一根刺再点一点,这样小刺猬就可以背好多的果子了。
（3）幼儿创作
①先请个别幼儿示范点画,看幼儿是否已掌握点画。
②幼儿集体作画,注意巡回指导。
（4）作品欣赏
请小朋友谈谈自己帮小刺猬背的果子,并相互欣赏、讨论、交流。

(二)案例二：美人鱼穿新装

1. 教学对象

中班幼儿。

2. 活动目标

（1）运用简单的图案和线条对称装饰。
（2）体验互助的快乐。

3. 活动准备

在画纸上画1条没有鱼鳞的大鱼,幼儿人手1张半圆形纸;鱼鳞范画3张,纸制小鱼3条;水彩笔若干盒,双面胶若干。

4. 活动过程

（1）情景导入
教师提问："小朋友,你们过过生日吗？过生日开心吗？为什么？"
（2）欣赏与讨论
教师提问："美人鱼把身上的鱼鳞都送给了过生日的小鱼们,现在的美人鱼还漂亮吗？为什么？怎样使美人鱼变得漂亮？"
（3）教师示范作画
①教师先讲解鱼鳞的形状,再用简单的图案对鱼鳞进行装饰。
②幼儿自由表达。
③教师请个别幼儿操作装饰鱼鳞。
④将装饰好的鱼鳞贴在美人鱼的身上。

（4）幼儿装饰创作
①请幼儿用所准备的材料装饰半圆形纸，教师巡回指导。
②引导幼儿将装饰好的半圆形纸贴上双面胶，并贴在美人鱼的身上。
③提示幼儿注意对鱼鳞的排列。
（5）欣赏与评价
①欣赏幼儿作品，幼儿相互评价。
②对装饰漂亮的幼儿给予表扬。

（三）案例三：有趣的扎染

1. 教学对象

大班幼儿。

2. 活动目标

（1）学会扎、夹、卷等技能。
（2）学习配色。
（3）锻炼手部动作的灵活性，提高幼儿的动手能力。
（4）培养幼儿想象力、创造力。
（5）初步了解扎染工艺，感受扎染工艺的艺术魅力。

3. 活动准备

（1）材料准备：扎染范例若干；布块、油画笔人手一套，水粉颜料若干；木夹、编织绳、竹筷、积塑、瓶盖若干。
（2）经验准备：幼儿已学过竹夹法、捆扎法。

4. 活动过程

（1）欣赏民族舞蹈，引入活动
①出示用扎染艺术做的服饰和布料，启发幼儿说说对民族服饰和布料的感受。
②启发幼儿讨论美丽图案的制作方法。
（2）引入扎染技法——竹筷卷扎法
①示范讲解竹筷卷扎法
A. 把布铺平，把筷子从布的一角边卷边挤，用绳子捆绑好。
B. 展示颜料，在布上涂色，打开绳子。
②提出操作要求
A. 强调卷筷子时要卷紧，绳子要扎紧。

B.涂颜色时,不要把已上色的部位搞脏,不要把衣服弄脏。
(3)幼儿操作,教师指导
鼓励幼儿选择不同技法、颜色尝试操作,并帮助操作遇到困难的幼儿。
(4)评价作品,结束活动
①选出有创造性、颜色搭配好看的作品组织幼儿欣赏。
②表扬认真操作的幼儿。
③展览全部作品。

参考文献

[1] 夏婧,李辉,熊灿灿.学前儿童教育学[M].北京：清华大学出版社，2016.

[2] 朱智贤.儿童心理学(第六版)[M].北京：人民教育出版社，2018.

[3] 吴荔红.学前儿童发展心理学[M].福州：福建人民出版社，2014.

[4] 王坚.学前儿童心理健康教育[M].北京：北京师范大学出版社，2015.

[5] 邓云龙,戴击.心理健康标准的中国文化解读尝试[J].中国临床心理学杂志，2010，18（1）：124–126.

[6] 郑春玲.学前儿童心理健康教育[M].北京：中央广播电视大学出版社，2012.

[7] 张力为,毛志雄.运动心理学[M].北京：高等教育出版社，2011.

[8] 刘梅.儿童发展心理学[M].北京：清华大学出版社，2010.

[9] 北京市教育科学研究所.陈鹤琴教育文集(上卷)[M].北京：北京出版社，1983.

[10] 杨丽珠.教育科学研究方法[M].大连：辽宁师范大学出版社，1995.

[11] 彭小虎,王国峰,朱丹.儿童发展与教育心理学[M].上海：华东师范大学出版社，2013.

[12] 张莉.儿童发展心理学[M].武汉：华中师范大学出版社，2012.

[13] 夏婧.学前儿童教育学[M].北京：清华大学出版社，2016.

[14] 陈思睿,蒋尊容,赵俊.学前教育活动设计与实施[M].成都：西南交通大学出版社，2015.

[15] 北京市教育委员会.北京市贯彻《幼儿园教育指导纲要(试行)》实施细则[M].北京：同心出版社，2006.

[16] 张琳.幼儿园教学活动设计与实践[M].北京：高等教育出版社，2010.

[17] 刘敏,万中.幼儿园教育活动的组织与实施[M].成都：四川大学

出版社,2011.

[18] 叶平枝,徐宝良.学前儿童健康教育与活动指导[M].长沙:湖南大学出版社,2015.

[19] 朱家雄.幼儿园教育活动设计与实施[M].北京:高等教育出版社,2008.

[20] 庞建萍,柳倩.学前儿童健康教育与活动指导[M].上海:华东师范大学出版社,2014.

[21] 毕中情.民间游戏在农村幼儿园教育活动中的应用[J].西部素质教育,2016,2(5):97-98.

[22] 毕中情.山西民间游艺的教育价值及传承探析[J].晋中学院学报,2016,(2)33:76-78.

[23] 幼儿园快乐与发展课程编写组.幼儿园快乐与发展课程教师指导用书·中班[M].北京:北京师范大学出版社,2009.

[24] 韩映虹.学前儿童语言教育与活动指导[M].长沙:湖南大学出版社,2015.

[25] 张明红.学前儿童语言教育与活动指导(第三版)[M].上海:华东师范大学出版社,2014.

[26] 王文乔,申利丽,申健强.幼儿园教育活动设计与实施[M].成都:西南交通大学出版社,2012.

[27] 陈晓芳.幼儿园教育活动设计策略及案例评析[M].北京:北京师范大学出版社,2007.

[28] 夏志刚,张琼辉.幼儿园艺术教育活动设计与指导[M].长沙:湖南大学出版社,2013.

[29] 林琳,朱家雄.学前儿童美术教育与活动指导(第三版)[M].上海:华东师范大学出版社,2014.

[30] 毕中情.试论幼儿山西民间艺术教育体系的构建[J].晋中学院学报,2014,31(6):87-89.

[31] 毕中情.山西民间手工艺融入幼儿园课程的研究[J].晋中学院学报,2019,36(5):74-77.